MORIR,
EL ÚLTIMO TABÚ

**Entrevistas sobre la muerte a representantes de las
principales religiones y corrientes espirituales**

TONI SÁNCHEZ BERNAL

**KOLIMA
BOOKS**

Categoría: Desarrollo espiritual
Colección: Trascendencia y muerte

Título original: *Morir, el último tabú*

Primera edición: Mayo 2019
© 2019 Editorial Kolima, Madrid
www.editorialkolima.com

Autor: Toni Sánchez Bernal
Dirección editorial: Marta Prieto Asirón
Maquetación de cubierta: Sergio Santos Palmero
Maquetación: Carmen Ruzafa

ISBN: 978-84-17566-38-8

A Nuri,
por ser mi dirección postal y empujarme siempre
hacia adelante.

ÍNDICE

NOTA DEL AUTOR

Antes de empezar he de aclarar que no sigo ninguna corriente espiritual. Si hace unos meses me hubiesen preguntado al respecto, mi respuesta hubiese sido un tajante «no» a cualquier posibilidad de que exista «algo» después de la muerte. Pero soy curioso por naturaleza y dar respuesta a esa duda fue el detonante a la hora de enfrentar la escritura de este libro: ¿Hay vida después de la muerte? ¿Qué pasa cuando morimos?

Cristianismo, hinduismo, islamismo, espiritismo... Son muchos los que se atreven a dar respuestas, pero, ¿qué dice cada una de estas corrientes?, ¿se contradicen sus puntos de vista?, ¿tienen algo en común?

Este libro no pretende dar una respuesta definitiva –¿acaso es posible?– ni tampoco se posiciona dando más valor a un punto de vista respecto a otro; simplemente pone en común diferentes propuestas para que sea el lector quien se informe, conozca y así sienta qué discurso va más con él y desarrolle su propio parecer.

Más allá del conocimiento que desprenden las próximas páginas, como suele pasar en la mayoría de viajes, el gusto ha sido vivir el camino, contactar con personas tan diversas y poder conversar con ellas. Con independencia de la suerte que le espere a este libro, el premio ya me lo he llevado por anticipado y no podría estar más agradecido a todos y cada uno de los entrevistados.

ENTREVISTADOS

- JUAN JOSÉ TAMAYO. Secretario general de la Asociación de Teólogos y Teólogas Juan XXIII. Escritor y colaborador en publicaciones como El País.

- JUAN CARLOS RAMCHANDANI. Sacerdote brahmán. Primer presidente de la Federación Hindú de España y vicepresidente del Hindu Forum of Europe de Bruselas.

- HUSSAM KHOJA. Imán y responsable de asuntos islámicos en la mezquita de la M-30, la más grande de España.

- SHEIKH SHOJAEDDIN. Maestro sufí de la Orden Molaviye Persa para Europa.

- TIAN XIN XIAN. Regresó de China como maestra taoísta occidental y actualmente es directora de la escuela Aquí y Ahora, situada en Madrid.

- PADRE ÁNGEL. Sacerdote fundador y presidente de la ONG Mensajeros de la Paz, galardonada con el premio Príncipe de Asturias de la Concordia en 1994.

- JOSÉ LUIS SÁENZ-DÍEZ. Sacerdote desde el 1972. Actualmente encargado de las exequias de la Iglesia. «Mi trabajo es orar por los difuntos».

- LAMA THUBTEN WANGCHEN. Discípulo del Dalai Lama desde los dieciséis años y director de la Casa del Tíbet de Barcelona desde su fundación en 1994.

- MARTA MATARÍN. Responsable de la coordinación del centro Brahma Kumaris de Barcelona y profesora de Raja Yoga.

- MOSHE BENDAHAN. Presidente del Consejo Rabínico de España y rabino principal de la comunidad judía de Madrid.

- Mª JESÚS ALBERTUS Y JUAN MIGUEL FERNÁNDEZ. Responsables de la Asociación de Estudios Espíritas de Madrid, principal centro espírita de España.

- SERGIO GARCÍA. Coordinador de la oficina de asuntos públicos de la Comunidad Bahá'í de España.

INTRODUCCIÓN

REFLEXIONES SOBRE LA MUERTE

Imagina que en este mismo instante, mientras lees estas palabras, empiezas a encontrarte mal. Muy mal. Y sin poder avisar a nadie y ni siquiera poderte levantar, caes muerto.

Sí, lo sé. Puede parecer una forma macabra de empezar un libro. Pero imagina esa situación. ¿Qué pasaría? Si murieses justo ahora de forma repentina, ¿qué dejarías a medias?, ¿cómo se quedarían tus relaciones personales?, ¿dejarías algún tema importante sin resolver?

Por supuesto, quiero creer que nadie ha pensado «oh, vaya, dejaría aquel informe que me ha mandado el jefe sin enviar y ahora la junta no sabrá cómo han ido las ventas este mes». Si hemos hecho el ejercicio con un mínimo de consciencia, seguro que todos hemos tenido pensamientos parecidos: «A mi pareja no le he dicho 'te quiero' esta mañana...», «nunca le dije a mi hijo que estoy orgulloso de él...», «al final no llamé a aquel amigo para solucionar aquel tonto enfado...». Puede parecer manido, pero de ahí la importancia de pensar sobre la muerte.

Tener presente que te puedes morir en cualquier momento te cambia la visión de las cosas y la forma de vivir.

Hay un ejemplo de la vida cotidiana que seguro que muchos han experimentado. Una pareja recién levantada en el desayuno. La noche anterior han tenido un enfado y ahora, mientras desayunan, ni se dirigen la palabra. Los dos se van a sus respectivos trabajos; total, el día es largo y eso les ayudará a que se les pase y ya harán las paces por la noche cuando se vuelvan a ver. ¿Pero y si en el transcurso de ese día uno de los dos muere? Y eso no significa que dos personas no se puedan enfadar, sería imposible. Pero sí que deberíamos –al menos intentar– tener la inteligencia emocional suficiente como para gestionar ese enfado y que no prospere mucho más allá del instante en el que estalló.

Y así con todo. Una vez me dijo un amigo, «estoy enfadado con mi padre y no nos hablamos. Ya haremos las paces en verano cuando vaya al pueblo a visitarles». Créeme, aún faltaban meses para el verano. ¿Por qué esperar? ¿Por qué callarnos tanto lo que sentimos? ¿Y si la vida no dejara que ese padre y ese hijo se reconciliasen? ¿Tan difícil es coger el teléfono y decir lo «siento»?

Tener presente que te puedes morir en cualquier momento te lleva a lo que actualmente está tan de moda: vivir en el instante presente.

Si sé que quizá mañana podría no estar aquí, ¿acaso no viviré el ahora con más intensidad? ¿No me parecerán absurdos algunos enfados a los que la vida cotidiana parece empujarnos? ¿No amaré mucho más, o al menos de una forma más consciente? ¿No abrazaré a ese amigo con más fuerza?

¿Verdad que suena bien vivir así? Entonces, ¿por qué no lo hacemos?

Hay gente que parece decir «ahora estoy muy fastidiado por esto o por lo otro, pero cuando alcance mi meta, entonces ya sí, entonces será genial y seré feliz». ¿Sabes que te puede dar un ataque al corazón y quedarte en el camino y habrás sido un infeliz para nada? Quizá se trata de disfrutar del camino, del viaje, más que el destino. Pese a que sepamos que queremos viajar en coche a París, disfrutemos desde el mismo instante en el que nos sentemos en el coche. Si llegamos a París, genial, pero no hagamos que nuestra vida dependa de una meta.

En una conferencia escuché algo interesante: «Cuando veo a mi hija que está jugando en casa de una amiguita y me presento y le digo que nos vamos, ella empieza que no, por favor, que cinco minutos más. Yo acabo cediendo y entonces me gusta verla en esos cinco minutos. Cómo los disfruta. No piensa en cuando nos vayamos a casa y toque hacer los deberes. Así es como me gustaría tomarme la vida. Que cada día que pase sea como esos cinco minutos de mi hija».

Por eso me interesa este libro. Por eso me interesa el tema de la muerte. Por eso me interesaba conversar con gente tan apasionante como todos los que me han proporcionado los testimonios recogidos para este libro. Para poder reflexionar sobre la influencia que la muerte tiene sobre la vida.

Independientemente de tus creencias, toda religión y filosofía espiritual coincide en que hay un «más allá». Después hay discrepancias sobre cómo sería este, pero todas afirman que hay «algo» después de morir.

Y también todas coinciden en la importancia que tienen nuestros actos en esta vida para lo que vendrá después. Entonces, ¿no debería animarnos esto a ser buenas personas? Ya sé que es complicado. Para empezar, ¿qué es ser una buena persona? Además, en el contexto en el que nos hallamos hoy en día no se premia el ser buena persona. Incluso está casi mal visto y no es difícil oír aquello de «es tan bueno que es tonto».

Una vez escuché a un político decir: «No quiero ser célebre en la Historia, solo quiero ser célebre en mi entorno más cercano». Y eso me llevó a pensar en el legado que dejamos tras nuestra muerte. La importancia de hacernos inmortales gracias a nuestras acciones y a nuestro impacto en los demás. En lo vital que es que nuestros seres queridos nos puedan recordar con cariño y una sonrisa. Y, de paso, llevar una vida en la que intentemos ser nuestra mejor versión parece que nos asegura un buen porvenir en lo que sea que haya después de la vida.

¿Pero qué hay?, ¿cómo es?

Quién sabe.

Pero sabiendo que te puedes morir mañana, ¿qué harás hoy?

UNA VISIÓN GLOBAL

ENTREVISTA A JUAN JOSÉ TAMAYO, TEÓLOGO

C omo primer paso, sentía la necesidad de tener una visión global. Poder hablar con alguien que pudiese mostrarme a *grosso modo* las distintas perspectivas que existen acerca de la muerte. Y, para ello, ¿qué mejor que un teólogo?

¿Pero quién? Hasta que en una conversación me recordaron el nombre de Juan José Tamayo, un eminente teólogo con más de sesenta publicaciones a sus espaldas y que actualmente da clases en la Universidad Carlos III de Madrid. Esta es la entrevista que tuve oportunidad de hacerle:

Al preparar este libro de entrevistas y comentarles a mis conocidos de qué iba, he notado que existe cierto tabú a la hora de hablar sobre el tema de la muerte. ¿Por qué este tabú cuando es algo inherente a nuestra vida?

Existe una resistencia a hablar de la muerte y a pensar en la muerte: «de la muerte no se habla, en la muerte no se piensa». Y, sin embargo, resulta un hecho inesquivable que debe tomarse en serio en cuanto experiencia humana radical y en cuanto tema del discurso filosófico y teológico, cualquiera que fuere la respuesta que queramos darle. Más aún, como afirmó Ernst Bloch –y que es una idea que yo comparto plenamente– se trata de la más fuerte y trágica «anti-utopía», de la respuesta más dura a la utopía, de la manifestación privilegiada de la nada, de la mayor desilusión, de la mayor traición, de la aniquilación de toda dicha, de la disolución de toda comunidad.

Atendiendo a su dimensión anti-utópica y destructiva, la muerte se nos presenta como la más despiadada negación del sentido de la vida, como la disolución de la consistencia de la existencia humana. O al menos pone en crisis la tan socorrida frase con la que con frecuencia nos consolamos: «la vida tiene sentido». Sobre todo si nos tomamos en serio la definición existencialista del ser humano como «ser para la muerte». ¿Qué sentido puede tener la vida que se ve circundada de muerte por doquier?

Existe una creciente desproporción entre la longitud de nuestras finalidades y la brevedad de la vida del ser humano. Desproporción mayor hoy que en épocas pasadas, en que la Historia era vivida de manera más cíclica y estática.

Es importante distinguir entre la «angustia ante el morir» y el «horror de la muerte». La angustia ante el morir es común a seres humanos y animales. El horror a la muerte es propio y peculiar del ser humano, y no del animal, que carece del Yo.

Ahí entraría en juego la incapacidad de nuestro ego de aceptar que el mundo seguirá sin él.

Es que la destrucción del Yo es terrible para el ser humano.

Otra causa es la tensión entre la dimensión proyectiva de la conciencia humana y el hecho de la muerte. El ser humano aspira a una existencia mejor, que comporte una exigencia de plenitud; por eso se le hace insoportable la muerte.

Pero si es verdad que la muerte incide directamente en la vida y hace valer su fuerza destructiva, no resulta menos cierto que, por paradójico que parezca, torna más humana la vida, le da a esta su forma última, su carácter definitivo, la conduce a su plenitud. Ante la ausencia de la frontera de la muerte, la vida terminaría por caer en la superficialidad, la rutina, la monotonía. Sin la muerte podríamos desembocar en el hastío de la vida. Carecerían de importancia los gozos de la vida y las responsabilidades personales y sociales. Perderían su encanto la mañana y la primavera. Desaparecería del invierno, del otoño y de la vejez la melancolía. Perderían su peso el amor y la amistad.

Es innegable que el saber que moriremos y tener desconocimiento del cuándo nos invita a vivir en el aquí y el ahora, aprovechando el momento al máximo e intentando no dejar cabos sueltos por si la muerte nos sorprende hoy mismo.

Pero la humanidad no se ha dado por vencida ante esta certeza, ante esta verdad de hecho, y ha ido siempre en busca de «una hierba contra la muerte».

Las culturas, las religiones, las filosofías y las teologías han propuesto distintas respuestas y han tejido un sinfín de contrapuntos y «paradigmas de supervivencia».

A eso nos ayudan mucho las distintas religiones y filosofías espirituales que nos ofrecen luz ante el drama de morir.

La religión es consuelo para el futuro, coartada para el pasado y evasión del presente.

Las imágenes de esperanza de las religiones operan unas veces como opio y otras como fuerza de liberación.

Las religiones son verdaderas enciclopedias de utopías, sueños, imágenes, símbolos de un mundo mejor, de una sociedad hermanada y reconciliada, en forma de leyendas, mitos, historias, ritos, creencias, doctrinas, etc. Son el lugar por excelencia del diseño de mundos idílicos.

Las religiones son lugares privilegiados donde se plantea la cuestión de la muerte intentando dar sentido a lo que es un sinsentido y a lo que acontece o puede acontecer después de la muerte: ¿Qué sentido tiene la muerte, que constituye el mayor sinsentido? ¿Cómo librarse de ella? ¿Cómo seguir viviendo después de la muerte?

Son ámbitos especiales donde se plantea el problema de la salvación, tanto individual como colectiva. A dicho problema se le han dado plurales respuestas conforme a la concepción antropológica y escatológica de cada religión: unitaria o dualista (resurrección o inmortalidad); ser social o ser individual; conforme a su concepción del ser humano en el mundo: el mundo como obstáculo y trampa o el mundo como escenario de salvación; conforme a la idea de la vida en la Tierra: como valle de lágrimas o como lugar de realización, goce y disfrute humanos.

En las religiones se vive una tensión dialéctica entre el descontento con el presente imperfecto y la búsqueda de un futuro ideal o retorno a los orígenes idealizados, sublimados; entre la conciencia de finitud y contingencia del ser humano, de las limitaciones propias de esta vida, por una parte, y el anhelo de infinitud, por otra; entre la experiencia del dolor, del sufrimiento, propio y ajeno, como prueba de la finitud, y la aspiración a superar, eliminar el dolor; entre la conciencia de la dureza de la vida, de las tensiones, de los conflictos, de la infelicidad, de los sinsabores de la vida, y la aspiración a una vida feliz, reconciliada, pacificada; entre la conciencia de la mortalidad humana, y la experiencia de la muerte como hecho universal y el anhelo de inmortalidad, de supervivencia; entre la conciencia de que el goce es limitado, quebradizo, y la aspiración a una dicha sin fin.

Uno de mis mayores intereses a satisfacer con este libro es conocer qué dicen las distintas religiones sobre la muerte. Como reconocido teólogo y buen conocedor de las distintas religiones, me gustaría que nos proporcionaras cierto esclarecimiento antes de entrevistarme con los distintos representantes espirituales. Por ejemplo, podríamos empezar por el hinduismo.

El *Rig Veda* (*ca* 1000 a. C.) considera la vida como orden y la muerte como parte inevitable del caos, que ha de evitarse siempre que sea posible. En los textos que componen el *Rig Veda* se ofrecen distintas imágenes, unas más vívidas y otras menos, del renacer: fusión del muerto con un cuerpo glorioso, purificación del cuerpo mortal y restauración por el fuego y unión con sus antepasados, dispersión de las partes del cuerpo del muerto en los elementos del cosmos. No se habla, empero, de renacer en la Tierra. En *Los Brahmanas* (*ca.* 900 a. C.), que glosan el *Rig Veda*, la muerte es temida y a la vez trascendida. Muestran su preocupación por el miedo a la muerte y buscan obsesivamente rituales para superarla.

Muy distinta es la comprensión de la muerte contenida en los *Upanishads* (*ca.* 700 a. C.): la vida es caos, sueño, pesadilla; la muerte (liberación final de la vida, *moksa*) es orden. En ellos aparece por primera vez y de manera explícita la idea del renacer, de la reencarnación, que constituye el núcleo de las religiones hinduistas clásicas. Con ella se pretende dar respuesta a tres problemas que acucian desde siempre a la humanidad: la desigualdad, el mal y la muerte.

Según la doctrina hinduista de las reencarnaciones, cada individuo a lo largo de su vida realiza acciones o se abstiene de realizarlas. Unas y otras generan una estela de consecuencias objetivas de las que él es responsable. El resultado tanto de sus acciones meritorias como el de las acciones reprobables recaen sobre el autor de manera inexorable, bien en esta vida, bien en otras vidas posteriores. Al finalizar una vida, el alma se reencarna en un nuevo cuerpo, donde expiará sus culpas y recibirá recompensa por sus méritos. Cada decisión suya seguirá generando méritos o deméritos, y estos a su vez impondrán premios o castigos que habrá de cumplir. Es la ley del *karma* (en sánscrito, *karman*), cósmica e impersonal, que nadie puede transgredir, ni siquiera Dios o los dioses.

Todo lo que le ocurre al individuo es justo, lo sepa o no, como justa es la modalidad de la nueva reencarnación. El alma se encarna conforme al mérito o demérito acumulado: una encarnación ventajosa es signo de mérito anterior; una encarnación desventajosa, por ejemplo como intocable o como animal impuro, es signo de viejas culpas que quedan por expiar. Mediante las reencarnaciones en vidas sucesivas, el alma de cada individuo tiene oportunidad de perfeccionarse, redimirse, liberarse de las consecuencias de sus acciones y salir de la rueda de los nacimientos y renacimientos.

Las diferencias entre las castas y las distintas especies de seres vivos precisamente radican en la pureza o impureza: las acciones reprobables impurifican o contaminan al individuo y le hacen descender en la escala de pureza de la vida; la máxima pureza se encuentra en los brahmanes, tenidos por verdaderos dioses en la Tierra.

Muchos mitos hacen ver que al principio todos los seres humanos pertenecían a la casta brahmánica, es decir, eran totalmente puros, pero distintos avatares les llevaron a perder la pureza. No es frecuente, sin embargo, atribuir dicha pérdida a un pecado, a una culpa original de toda la humanidad o de parte de ella. La degeneración fue consecuencia del efecto que ejerce el tiempo sobre las cosas. La diferencia misma entre los dioses y sus rivales, los demonios (*asuras*), se presentan generalmente como frutos del azar. Los *Vedas* no narran ningún hecho inequívocamente inmoral que aconteciera al comienzo del tiempo humano, como sucede en la Biblia, que cuenta con el relato del pecado del Paraíso. Tampoco los brahmanes buscan una explicación.

Cuando se logran eliminar los efectos negativos del *karman*, el alma individual consigue la liberación o *moksa*, que es la meta de la religión hinduista. *Moksa* es una palabra de gran riqueza semántica. En sentido negativo, significa «soltarse de» algo que no se desea, que oprime; liberarse del ciclo de las reencarnaciones, del apego al mundo material. Su significado en positivo es liberación final, salvación, emancipación y libertad, consecución de la meta. Es liberación de la ignorancia y acceso al conocimiento, liberación del ser humano del mundo disperso, encuentro consigo mismo, acceso a lo divino y unión, más aún, fusión e identificación, con el Brahma, el Absoluto, realidad última y principio de toda realidad.

¿Cómo se logra el moksa, la liberación?

A través del conocimiento esotérico desligado de su contexto ritual, mediante el desapego de todo vínculo terreno y de actos meritorios, y mediante el cumplimiento de los deberes propios de cada casta. Llegamos así al *dharma*, que es la ley por la que se rige el universo, ley universal que engloba todos los deberes humanos, los morales y los religiosos.

Entre los caminos por los que se avanza en la evolución espiritual del ser humano se encuentran el yoga, el *bakthi* o devoción amorosa hacia la divinidad, etc.

Dos cuestiones se plantean en torno al *moksa*, a esta idea de liberación: ¿Se mantiene la inmortalidad personal o el ser humano es absorbido en el *Brahma*, el Absoluto? Los *Upanishads* apuntan a las dos modalidades: unas veces, a la inmortalidad personal; otras, a la inmortalidad como absorción en el Absoluto.

La teoría de la reencarnación no es una creencia exclusiva del hinduismo.

Cada vez aprecio que existe más fascinación en Occidente por la reencarnación, especialmente entre aquellos que siempre se han definido como no creyentes. ¿A qué crees que es debido?

Es cierto que la reencarnación está adquiriendo relevancia cultural y empieza a ser un elemento importante de nuestro universo. Muchas personas no vinculadas a confesiones religiosas determinadas creen haber sido bendecidas o maldecidas por un *karma* bueno o malo.

Entre las causas del arraigo cultural de esta creencia cabe citar las siguientes:

- Búsqueda de una justa igualdad de oportunidad, de una segunda oportunidad, de un volver a empezar para la gente que vio truncada su vida.
- Un proyecto humano no tiene por qué realizarse en el espacio y el tiempo de una sola y única existencia.
- La ley del *karma* parece una respuesta más atractiva que la tan realista y con frecuencia terrorífica visión católica de las postrimerías, del más allá (fuego eterno del infierno, torturas, Dios sanguinario).

Otra gran religión que cree en la reencarnación es el budismo. ¿Cómo es esa búsqueda del «nirvana»?

El budismo es quizás la religión de la salvación por excelencia y constituye el contrapunto a las concepciones occidentales de la inmortalidad. La pregunta existencial a la que pretende responder es cómo liberarse del sufrimiento, del dolor. El objetivo es la liberación de la existencia de los renacimientos, de la muerte, de la contingencia, que es la raíz del dolor.

El budismo –al menos el primitivo– rechaza los ritos y las prácticas devocionales y niega (o no admite) la existencia de un principio consciente individual que sobreviva a la muerte. No admite la existencia de un alma que transmigre de un cuerpo a otro, de un ser a otro. Lo que une a dos vidas es *vinnana*, la conciencia, un proceso mental. La reencarnación vendría a ser una neo-transformación.

El núcleo del budismo lo forman las «Cuatro Nobles Verdades» expuestas por el Buda en el *Sermón de Varanasi*.

La primera afirma la existencia y universalidad del sufrimiento: todo es sufrimiento, incluso los placeres; el nacimiento es dolor, la vejez es dolor, la enfermedad es dolor, la muerte es dolor, la unión con lo que nos disgusta es dolor, la separación de lo que nos gusta es dolor, no obtener lo que se desea es dolor; en una palabra, dolor son los cinco elementos de la existencia individual.

La palabra *dukkha* posee un significado filosófico profundo y tiene sentidos muy amplios. En su uso común significa, efectivamente, sufrimiento, dolor, aflicción, en cuanto opuesto a felicidad, alivio. Pero incluye también ideas como imperfección, insubstancialidad. La primera noble verdad se refiere concretamente a tres experiencias de sufrimiento: el nacer, tanto en el momento del parto como en todos los seres en sus sucesivas reencarnaciones; el envejecer, entendido como el hacerse mayor, la pérdida de facultades, pero también la transitoriedad, la decadencia, la caducidad a la que se ven sometidos todos los seres; el enfermar; la muerte, que se refiere al desaparecer y desvanecerse de todos los seres en los diversas órdenes de existencia, el deshacerse del cuerpo, el agotamiento de las fuerzas de la vida. Esta noble verdad se refiere también a distintas formas de sufrimiento moral y mental como son la pena, el lamento, el dolor, la aflicción y la tribulación. En quinto lugar, habla de otra experiencia común a todo ser humano: no conseguir aquello que se anhela.

Esta noble verdad se relaciona directamente con la tercera noble verdad, que habla de la posibilidad de suprimir el dolor. De ella no puede deducirse que la concepción que el Buda tiene de la existencia sea negativa y pesimista. Aquí no se dice que el ser humano en sí mismo sea dolor, sufrimiento, imperfección; lo es en la medida en que se encuentre apegado.

La segunda noble verdad se refiere al origen del dolor: actos, deseo ardiente, ignorancia.

La tercera noble verdad es todo un signo de esperanza. La situación de sufrimiento no es definitiva ni absoluta, es posible suprimirla. ¿Cómo? Eliminando las causas que lo provocan; la anulación total del deseo.

La cuarta noble verdad ofrece ocho caminos para el cese del dolor, que se desarrollan en tres direcciones: práctica de las virtudes morales (*sila*), práctica de la meditación (*samadhi*), práctica de la sabiduría (*praiña*).

Se llega así al *nirvana*, experiencia espiritual que se logra a través de un largo periodo de conocimiento y meditación, de control de los sentidos y de iluminación.

¿Y en qué consiste el «nirvana»?

Resulta difícil de definir. El propio Buda no llegó a definirlo con claridad, ya que resulta indescriptible. La única forma de entenderse es por experiencia personal. Tras interminables investigaciones y numerosas controversias, ni los budistas ni los estudiosos no budistas han logrado ponerse de acuerdo en torno a la naturaleza del *nirvana* (en pali, *nibbana*).

En la interpretación popular se considera el *nirvana* como el fin del dolor, la eliminación de los padecimientos terrenos. En la piedad budista se le entiende como un estado feliz de reposo y paz imperturbables. En Occidente lo hemos entendido, además de como cese del dolor, como extinción del fuego de la concupiscencia, donde el dolor tiene su raíz, como extinción total de la individualidad, de la conciencia, de la propia existencia. Hay también una interpretación nihilista que entiende el *nirvana* como aniquilación total. En los primeros textos el *nirvana* se define como «cesación», «ausencia de sed de vida», «distanciamiento».

Pero hay otros muchos textos que, más que de extinción de la existencia, hablan de una modificación radical de la forma de existencia. En ese sentido significaría la liberación del infernal y eterno ciclo de las reencarnaciones y la ruptura de las ataduras del *karma*. Así se destaca el aspecto positivo, dichoso, feliz y no puramente nihilista del estado final, de la meta definitiva. Esa sea quizás la acepción que tienen los seguidores del Buda.

Varios son los indicios de este enfoque positivo. Los budistas antiguos hablaban de un *nirvana* al que se accedía con la muerte, pero también de un *nirvana* que puede conseguirse en vida. Las distintas escuelas del budismo practican una meditación que les lleva a tener experiencias de iluminación similares al *nirvana*. La vivencia del *nirvana*, de la liberación en este mundo, en el presente, define muy bien las tendencias religiosas populares actuales de inspiración budista.

Quizás la palabra que mejor defina el *nirvana* sea «liberación», conforme a la concepción que el budismo tiene de sí mismo: como camino de liberación.

Nirvana es lo opuesto al ciclo de las reencarnaciones en todos los sentidos: si este es el ámbito del malestar existencial, el *nirvana* es bienestar; si el *samsara* es la sede de la inestabilidad, el *nirvana* es lo estable. Quizás se le pueda definir como el estado de la mente iluminada.

En el budismo primitivo, el ser humano perfecto no padece la alta temperatura de la concupiscencia, el odio y el engaño —tres formas de mal en el budismo—. En este enfriamiento se distinguen dos etapas:

La primera, de iniciación a la perfección, en la que se extinguen las tres formas de mal antedichas y se suprimen todas las ataduras, lográndose la bienaventuranza en la vida. Es el caso del Buda, que logra la iluminación.

Y la segunda, la disolución del ser humano causada por la muerte: se inicia un nuevo estado de inmortalidad, donde se extinguen las diez manchas: deseo, odio, engaño, orgullo, especulación, escepticismo, embotamiento mental, agotación, impudor e incontinencia.

Nadie puede salvar a otro. El ser humano hace solo el camino, el recorrido de la salvación... sin ayuda exterior alguna, ni siquiera de los budas. Estos solo indican el camino.

«Trabajad vuestra salvación con diligencia» parece que fueron las últimas palabras del Buda. De ahí que al camino budista de la salvación se le conozca como auto-redención...

Hemos hablado de la reencarnación, pero, ¿qué hay de la resurrección de los muertos?

Es la creencia del judaísmo, del cristianismo y del Islam.

Tiene procedencia persa. La predicó Zaratustra, el gran reformador de la religión iraní, en torno al s. IV a. C.

Pero tengo entendido que el judaísmo tiene motivaciones y peculiaridades propias que no comparte con el cristianismo y el Islam.

Veámoslas. La resurrección de los muertos en el judaísmo no surge a comienzos de la historia de Israel, con los patriarcas, ni siquiera con los profetas a partir del siglo VIII, tampoco con la vuelta del destierro de Babilonia y la posterior restauración en los siglos VI y V. Surge en una época tardía, en el llamado judaísmo post bíblico, en el siglo II, y se formula en dos textos: libro de *Daniel*, 12, 1 ss, y *II Macabeos* 7.

Con todo, no es un cuerpo extraño a la Biblia, sino que está en continuidad con los elementos originarios de la fe de Israel. Ya en el Primer Testamento hay una serie de enunciados metafóricos que apuntan a la resurrección, aun cuando no la formulen explícitamente:

- Resurrección, renovación, liberación del pueblo asolado, abatido: Os 6, 1-4.
- Huesos secos que cobran vida, como signo, anuncio de la restauración mesiánica, como respuesta al desvanecimiento de la esperanza del pueblo: Ez 37, 1-14 (quizás bajo la influencia del mito de Osiris).
- Despertar nacional de Israel: «Revivirán los muertos...»: Is 26, 12.19. Texto apocalíptico escrito en torno al año 300 a. C.

Y mira este otro texto del siglo II a. C. Dn 12, 1-3, texto apocalíptico: «En aquel tiempo se salvará tu pueblo, todos aquellos que se encuentren inscritos en el libro. Muchos de los que duermen en el polvo de la tierra se despertarán, unos para la vida eterna, otros, para el oprobio, para el horror eterno. Los sabios brillarán con el fulgor del firmamento y los que enseñaron a muchos la justicia, como estrellas, por toda la eternidad».

¿Cuál es el contexto para el auge de la idea de la resurrección?

Con la persecución de Antioco IV Epifranes caen muchos, muchísimos fieles, y eso hace entrar en crisis la teoría de retribución, según la cual Dios premia a los buenos y castiga a los malos en esta vida.

Claro, la gente ve que está pasando lo contrario: los infieles triunfan mientras que los fieles a la ley de Dios son ejecutados, y eso hace que los mismos fieles se pregunten qué recompensa les espera. De ahí el auge de la idea de la resurrección.

La resurrección como forma de hacer justicia a los fieles, a las víctimas. No responde tanto al deseo de supervivencia como al deseo de justicia a favor de los perseguidos, los vencidos, los muertos.

La fe en la resurrección no es consecuencia de una antropología dualista, que considera al ser humano inmortal por su propia esencia o al alma como núcleo de la persona, unida transitoria y circunstancialmente al cuerpo, y presa en la cárcel del cuerpo. La fe en la resurrección es conforme a la antropología unitaria propia del pensamiento hebreo: el ser humano no compuesto de cuerpo y alma, sino como unidad psicofísica, como corporeidad animada. Según esto, con la muerte es todo el ser humano quien deja de existir, ningún elemento pervive.

Por lo que veo, ya sea hablando de la reencarnación o de la resurrección, siempre nos referimos a que el alma es inmortal.

Sí, aunque no es una doctrina o creencia propiamente bíblica, sino que se introduce muy tardíamente en la Biblia por influencia griega, concretamente platónica. Aparece en el *Libro de la Sabiduría*, escrito en torno a los años 70 y 50 a C.

¿Cuál era el objetivo de dicho libro? Conciliar, armonizar las tradiciones religiosas de Israel y las corrientes espirituales del helenismo, la teología hebrea la filosofía griega, la antropología unitaria judía y la antropología dualista platónica.

Es un intento de diálogo intercultural muy meritorio, en un momento de choque de culturas como el que entonces se estaba viviendo. El libro se escribió probablemente en Alejandría y fue ahí donde empezamos a hablar de que el alma es inmortal.

Podríamos hacer un resumen final. Las respuestas que han dado las filosofías y las teologías al problema de la muerte son: la de Epicuro, ante la muerte ni miedo ni esperanza porque mientras vivimos no aparece la muerte y cuando llega la muerte ya no vivimos; la inmortalidad del alma de la filosofía griega, la resurrección de los muertos de las religiones monoteístas y la reencarnación del hinduismo y del budismo. A lo que yo añadiría para acabar que después de la muerte vamos al «Gran Quizá», como decía François Rabelais.

Aunque la respuesta del filósofo español José Luis López Aranguren a la pregunta, «y después de la muerte, ¿qué?», es con la que más me identifico. Él respondió:«*Dejémoslo en puntos suspensivos*».

HINDUISMO

ENTREVISTA A JUAN CARLOS RAMCHANDANI

Conocí a Juan Carlos en una ceremonia que él ofició en Madrid. Yo asistí para grabarla en vídeo y, pese a que él estaba ocupado en la preparación del acto y faltaban pocos minutos para que este diese comienzo, se mostró amable con respecto a todas las peticiones que realicé para llevar a cabo la grabación. Nos caímos bien al instante, de tal forma que nos fuimos reencontrando en los años sucesivos, siempre en eventos en los que cada uno tenía un quehacer. Por eso, al plantearme a quién entrevistar en representación del hinduismo no tuve duda. Él es sacerdote brahmán (Purohit), primer presidente de la Federación Hindú de España y vicepresidente del Hindu Forum of Europe con sede en Bruselas. ¿Quién mejor?

En España, pese a que hoy en día están de moda el yoga, los bailes indios, los restaurantes... poca gente sabe decirme claramente qué es el hinduismo.

El hinduismo es ante todo una religión y una forma de vida. El hinduismo recoge una espiritualidad, una forma de comer, de sentarse...

Uno de los errores en los que cae mucha gente es que piensan que ser hindú significa necesariamente ser indio. Esto es algo en lo que me gusta hacer énfasis. Hindú es la persona que practica el hinduismo, que puede ser de cualquier raza, no tiene por qué ser de la India. Aquí lo confunden mucho. Cuando dicen «baile hindú» es el baile de Bollywood, que no tiene nada que ver con el hinduismo. «Me voy a comer a un restaurante hindú». Una cosa es indio de la India, y otra cosa es hindú, que se refiere al contexto religioso y cultural. O «hablaba hindú»; una cosa es el hindi, idioma de la India, y otra el idioma sagrado del hinduismo, que es el sánscrito.

Entonces, ¿qué es el hinduismo?

Primero de todo aclarar que el hinduismo es una denominación extranjera. La palabra hinduismo no aparece en las Escrituras sagradas de la India. Esto viene de cuando en el siglo X los musulmanes comienzan a invadir la India y llegan al río Sindhu –que hoy en día se encuentra en Pakistán–, y ellos, en vez de decir Sindhu, pronuncian hindu.

Pero de lo que las Escrituras sagradas hablan es de *Sanatana Dharma*.

Sanatana significa eterno, *Dharma* significa deber u ocupación. El deber eterno del ser humano es estar en contacto con Dios. Ese es el verdadero nombre. Lo que pasa es que hoy en día la palabra hinduismo es un nombre tan extendido en el mundo entero que ya nosotros cuando hablamos decimos «somos hindúes» o «practicamos el hinduismo». Pero técnicamente no es una palabra sánscrita, ni aparece en las Escrituras.

Si analizas los *Vedas* –los textos más antiguos de la India y quizá de la humanidad–, la palabra hindú no aparece en ningún sitio.

Yo lo comparo mucho con Cristóbal Colón, que al llegar a América, y creyéndose que estaba en la India llamó a los nativos «indios». Pues pasó algo similar y nos pusieron la etiqueta de «hindúes».

El hinduismo es una forma de vida en la que todo está englobado bajo el paraguas de la espiritualidad. La arquitectura es una visión religiosa, la comida se ofrece primero a la divinidad antes de comerla, se buscan ropas acordes con los hábitos de la oración. Es una cultura que abarca todo bajo el prisma de la espiritualidad, donde hay un reconocimiento completo de que por un lado está el alma –nosotros y los demás seres vivos– y por otro está la divinidad, la divinidad suprema.

Muchas veces la gente dice «el hinduismo no tiene un solo Dios, es politeísta, tiene muchos dioses». Este también es un concepto erróneo.

El hinduismo cree en un único Dios, pero que tiene la capacidad de manifestarse en innumerables formas y adopta muchos nombres. De hecho, el hinduismo respeta también otras formas y otros nombres que se le dan a Dios en otras culturas, cosa que no ocurre, por ejemplo, con el cristianismo, el judaísmo y el islamismo, que reconocen a un solo Dios. Nosotros reconocemos la pluralidad de Dios. Nos llamamos, técnicamente, monoteísmo polifórmico. Es decir, un solo Dios que adopta innumerables formas.

Luego, el hinduismo tiene divinidades menores, lo que nosotros denominamos *devas*. Que sería, por poner un ejemplo, como el santoral del catolicismo: san Pedro, san Javier... En el hinduismo tenemos diferentes divinidades que se ocupan de administrar diferentes funciones del universo. Por ejemplo, en el hinduismo se habla de un dios que rige la lluvia, otro dios de la riqueza, una diosa para el conocimiento... Entonces las personas que tienen una necesidad o una devoción por esa divinidad porque quieren obtener un beneficio específico, pues lo adoran. Un músico tradicional hindú, antes de empezar a tocar ofrece una oración a la diosa del arte y el conocimiento. El concepto de divinidad está muy extendido dentro de la tradición hindú. Quizá, una persona sienta devoción por Krishna, que es la divinidad del amor, del equilibrio de la mente... y otras personas se sientan más atraídas por Shiva, que es la divinidad del yoga, de la meditación... Digamos que Dios se manifiesta de una forma determinada para satisfacer el tipo de devoción de cada persona.

Siendo español es algo peculiar ser hindú, ¿cómo fue tu acercamiento a la religión?

En este país hay una presencia del hinduismo de hace más de 100 años. De hecho, en Ceuta, por ejemplo, había una persona hindú ya censada en 1896. Ha sido un culto minoritario en España y que durante muchos años no se ha abierto a la sociedad. Date cuenta de que en España prácticamente se ha empezado a conocer el hinduismo a partir de los años 70, cuando termina la dictadura y vienen maestros de la India... Entonces surgen movimientos religiosos que no estaban implantados en España y dan a conocer el hinduismo y sus múltiples facetas, como puede ser el yoga.

Hay mucha gente que practica yoga sin saber que es una de las ramas filosóficas del hinduismo. Creen que el yoga es una gimnasia, pero el yoga no es solamente hacer posturas: la finalidad del yoga es entrar en comunión con Dios. Ese concepto no se enseña mucho en las escuelas de yoga y actualmente se enfoca como si fuese una gimnasia, algo beneficioso para la salud, pero es no solamente para la salud física sino también para la espiritual.

En mi caso, ya que me preguntas, soy de padre indio hindú y madre española cristiana. He tenido la fortuna de mamar el hinduismo desde mi infancia. Aprendía con mi padre las enseñanzas del hinduismo y con mi madre las del cristianismo. Fueron de los primeros matrimonios mixtos que hubo en España en los años sesenta, lo que también era un escándalo, imagínate. Yo soy el segundo de cuatro hermanos. Y, por ejemplo, mis otros hermanos no se han interesado por el hinduismo. Lo respetan, pero ya. Cuando hay festividades hindúes ellos vienen a mi casa y yo voy a las suyas cuando hay festividades cristianas. Es decir, la semilla y la influencia de mi padre están ahí, por supuesto, pero mi elección ha sido más que nada una decisión personal.

Yo desde muy joven, a partir de los trece años, me interesé por el hinduismo. En aquella época, en los ochenta, había muy pocos libros en español, lo que me forzó a estudiar inglés para poder leer más libros y no tener que esperar a que se tradujeran. Y luego fui formalmente iniciado en la tradición vaishnava.

El hinduismo se divide en cuatro *sampradayas* o escuelas que tienen una serie de diferencias filosóficas y yo me inicié en la vaishnava, que quiere decir que eres devoto de Vishnu. Es una tradición que está muy extendida en el hinduismo, tanto dentro como fuera de la India, y la atracción fue también porque no hace distinción racial. Yo, al venir de un matrimonio mixto, a veces me había ocurrido que no era completamente aceptado en la cultura española ni tampoco en la hindú. Sin embargo, en la tradición vaishnava fui muy bien acogido. Sin ningún tipo de problema racial fui ordenado sacerdote. Estudié todo lo que es el ceremonial, las Escrituras, sánscrito... Y es lo que llevo haciendo los últimos veinticinco años.

También soy profesor de yoga y mi labor principal es dar a conocer el hinduismo, como una labor informativa. Asesorar e informar. Luego, si una persona quiere profundizar y hacer un cambio en su vida al hinduismo, ahí estamos para ayudarle. Pero mi labor principal es informar para dar a conocer una tradición espiritual que tiene más de 6000 años de antigüedad y que sigue viva. Mientras que otras culturas han desaparecido, la cultura védica sigue activa y eso es un valor a tener en cuenta. Si ha sobrevivido durante tantos miles de años es porque algo bueno ha de tener.

¿Cuál fue tu primera experiencia con la muerte?

Cuando murió mi abuela materna en el año 1979. Yo tenía nueve años y como en Occidente se trata mucho de ocultar la muerte no me dejaron ir al entierro, ni vi a mi abuela de cuerpo presente... Pero mi primera experiencia cara a cara fue en 1985 cuando falleció un primo mío con veintidós años.

Murió de una enfermedad terminal que tenía y fue la primera vez que vi el cuerpo de una persona muerta. Y luego me tocó participar en la ceremonia funeraria, que en el hinduismo es la cremación. Para mí fue una impresión ver ese cuerpo sin vida... tocarlo... ver que estaba frío... carente de vida. Fue impresionante; no era una incineración en la que metes el cadáver en un horno. Nosotros lo incineramos con leña, como hacen en la India, por lo cual vas viendo cómo el cuerpo se va consumiendo lentamente. Me dejó marcado. No en un aspecto negativo, sino que me abrió bastante los ojos. Con quince años me di cuenta de la futilidad de la vida, de lo efímero que es todo y cómo este cuerpo material es solo una vestidura. Cómo el alma sigue su viaje a otro cuerpo, y ese cuerpo, o lo enterramos o lo incineramos, porque ya carece de vida.

¿Cómo hacer de la muerte algo natural ante los niños?

Te voy a contar un caso muy reciente en mi propia familia. Yo tengo un hijo que tiene once años y hace unos meses su tío murió en un accidente en la India y nosotros se lo dijimos. No de forma brusca, pero es mejor decirlo que ocultarlo. Por eso te digo la diferencia de mentalidad entre Occidente y Oriente. Nosotros optamos por decírselo el mismo día en que ocurrió. Al principio lloró, claro, pero luego, cuando hicimos unos rituales por el alma, el niño participó.

Desde pequeños sería bueno que compartiéramos con ellos que la realidad de la muerte está ahí. En Occidente hay mucho miedo a la muerte; se trata de ocultar su existencia, de no pensar en ella, y tenemos que ser conscientes que desde que nacemos empezamos a morir.

Yo creo que cuanto mejor se prepare a los niños desde pequeños de que habrá un día en el que papá, mamá e incluso ellos mueran, mejor será para tener entereza en la vida; te da la oportunidad de aprovechar más los momentos con nuestros seres queridos, al ser conscientes de que en cualquier momento pueden dejar de estar con nosotros.

Te puedo contar una anécdota de la visión de la muerte en España y la visión de la muerte en la India.

En 1990 fui a mi segundo viaje a la India al terminar el servicio militar. Y paseando por las calles de Benarés vi que había un hombre tirado en la calle y la gente pasaba, lo miraba, sacaban una moneda del bolsillo y la dejaban al lado. Yo me acerqué y el hombre estaba muerto. Yo tenía veinte años y pensaba: «si este hombre está muerto llamen a alguna autoridad. Y la gente ¿por qué está dejando dinero?». Así que le pregunté a un hombre que tenía una tienda al lado. Me dijo: «mira, Benarés es una ciudad donde la gente viene a morir porque se considera que es una ciudad santa. Y cuando una persona muere en una ciudad santa se dice que su alma ya no reencarna más, sino que se libera». Y le digo yo: «bueno, y si está muerto, ¿la gente por qué le deja monedas?». Era porque por la tarde vendrían los *Dom*, que es una especie de grupo social o casta que se dedica a incinerar los cuerpos y con ese dinero le ponen la leña para incinerarlo.

Fíjate cómo la gente se preocupaba de que su cuerpo tuviera una incineración digna, porque sabían que el alma ya no estaba ahí. Pero no les molestaba en absoluto la visualización la muerte en plena calle, aunque es una visión un poco extrema de la India.

Ahora la visión de Occidente. Recuerdo haber entrado un día con mi hijo y mi mujer a un centro de salud y una persona que estaba esperando a que la atendieran murió ahí mismo. Entonces rápidamente pusieron unos biombos, vino la ambulancia; nadie veía nada y sacaron el cuerpo metido en una bolsa de plástico... Preguntabas qué había pasado. «No, un incidente». ¿Por qué no se podía decir abiertamente que se había muerto si era evidente? Recogieron todo rapidísimo y vuelta a la normalidad. Que nadie se diese cuenta de la muerte de una persona.

Nosotros en las Escrituras, en el *Mahabharata*, un sabio le pregunta a uno de los reyes, «¿cuál es la cosa más verdadera que nadie cree que le va a pasar a él?» y él contesta «la muerte».

La muerte es la verdad de que todos tenemos que morir, pero nadie quiere pensar que le va a pasar a él. Cuando vamos a un entierro, se ha muerto Fulanito, pero yo no, yo no me voy a morir. Es algo que nos tiene que ocurrir por fuerza, pero sin embargo se nos acostumbra a no pensar en ello. Hay que mantener un equilibrio. El hinduismo dice: vive una vida normal pero siempre sin dejar de ser consciente de que aquí estamos de paso. Y que cuando el cuerpo muere, no muere el alma. De ahí la importancia de nuestras acciones. Lo que llamamos *karma*, acción, reacción.

A veces la gente se confunde. Piensa que el hinduismo es una religión ascética en la que uno ha de ir al bosque a vivir... No. La gente tiene familia, tiene su trabajo... su vida normal. Hay algunos que voluntariamente eligen abandonarlo todo, pero son muy pocos. En la mayoría de casos, las personas siguen una vida normal. Con su devoción, su pequeño templo en casa, sus prácticas espirituales con su recitación de mantras... pero tienen una vida normal y corriente. Y la importancia de la conciencia, de que no somos este cuerpo. Somos almas espirituales que estamos en un cuerpo físico y todas nuestras acciones van a repercutir en nuestra siguiente existencia. Lleva una vida recta, de no hacer daño innecesario a personas y a otros seres vivos porque eso crea *karma*.

¿Qué pasa cuando morimos? ¿Cuál es el proceso?

El hinduismo quizá sea la forma de espiritualidad que da una descripción más detallada de lo que ocurre en el proceso de la muerte.

Ya en los textos sagrados se dice que nosotros somos almas espirituales y el alma espiritual es una chispa divina que es igual a Dios en calidad, aunque infinitamente más pequeña en cantidad. Estamos dentro de un cuerpo material, que está hecho de cinco elementos: fuego, tierra, aire, agua y éter. Y esta alma ha ido reencarnando en diferentes cuerpos.

En mi vida anterior pude ser una mujer, un perro... El alma va transmigrando. Se dice que se llega a ser humano cuando el alma, dentro de ese cuerpo, tiene la capacidad de discernir. De diferenciar lo que está bien y lo que está mal. Por eso los animales no generan *karma*. Si un tigre se come una vaca no hay *karma* porque la naturaleza del tigre es alimentarse de otros animales. Pero nosotros en este cuerpo sí tenemos capacidad de raciocinio, de decir esto está bien, esto está mal. Hay unas leyes divinas que no debemos quebrantar. Cuando el alma siente que este cuerpo ya es inservible, lo abandona. Es decir, el cuerpo es un habitáculo, como una prenda de vestir para el alma, y cuando ese habitáculo ya no nos sirve porque estamos viejos, o porque hay órganos que no nos funcionan, o porque se produce una muerte súbita, entonces el alma inmediatamente lo abandona y va a su siguiente destino.

Entonces el cuerpo frío empieza a descomponerse porque ya no está la presencia divina del alma. Esa es la diferencia entre un ser vivo y un ser muerto. El ser muerto decae porque ya no tiene esa esencia divina, esa chispa que es el alma.

¿Y qué ocurre con esa alma cuando abandona el cuerpo?

Hay varios destinos, varias situaciones que van a depender mucho de cómo haya sido nuestra vida.

Aquí aparece el concepto del *karma*.

De acuerdo con mi *karma* tendré un destino u otro. Cuando el alma abandona el cuerpo permanece durante unos días en una especie de limbo donde tiene como un juicio. Un juicio donde se hace un recuento de nuestras acciones positivas y negativas, y de eso dependerá nuestra siguiente reencarnación. Hay personas que no han terminado su evolución espiritual y esas almas vuelven a reencarnar como un ser humano y comienzan su vida espiritual donde la dejaron anteriormente. Como en mi propio caso, una persona que ha nacido en España y que a la edad de tan solo trece años se interesa por el hinduismo. Pues eso es una prueba de que en mi vida anterior yo empecé ese camino pero por alguna causa no lo pude terminar y lo he vuelto a reemprender a los trece años de mi siguiente vida. ¿O por qué hay personas que sienten que han de practicar yoga y lo hacen? ¿Por qué hay otros que sienten la llamada de una determinada religión? Es porque en vidas anteriores empezaron ese camino espiritual y no lo llegaron a terminar.

El alma acumula esas acciones, tanto positivas como negativas, que condicionan su siguiente nacimiento. Si ha realizado malas acciones, la ley divina de reencarnación hará que esa alma nazca en una situación de castigo, que es algo que muchas veces la gente no quiere reconocer. ¿Por qué una persona nace en un país pobre y otra persona lo hace en uno rico? Eso viene dado por nuestro *karma*. Siempre decimos: «pobrecito, que no ha hecho nada y fíjate lo que le está pasando». Claro, no ha hecho nada en esta vida pero sí lo hizo en la anterior. No sabemos lo que está pagando.

Y luego están esas personas que son almas muy elevadas. Almas auto-realizadas. Seres espirituales que tienen ya una gran experiencia de muchas situaciones y que han alcanzado un gran avance espiritual. Esas almas ya no reencarnan más. Vuelven al mundo espiritual. El mundo espiritual es un lugar donde la persona vive eternamente llena de felicidad, llena de conocimiento y en presencia de Dios. Ese cielo en el hinduismo se llama Vaikuntha, que significa el lugar donde no hay ansiedad. Todas nuestras ansiedades, todos nuestros problemas, se terminan ahí.

Pero en el hinduismo también se habla de involución. Es decir, no porque una persona llegue a ser humano no va reencarnar más en animal, no. Si ha llevado una vida donde ha cometido muchas actividades pecaminosas, de acuerdo a su *karma* va a obtener un cuerpo para satisfacer esa tendencia. Es una forma de decirle: «fíjate, las ataduras materiales te han trastornado tanto que mejor prueba otra vez lo que es ser animal, los sufrimientos que eso acarrea; el vivir en constante miedo para que no te ataquen animales más grandes... buscar alimento...» para ver si el alma reacciona y así evoluciona.

Pero hay gente que cree que los animales no tienen alma...

Claro, por supuesto. ¿Qué diferencia hay entre un ser humano y un perro, por ejemplo?, ¿por qué los dos están vivos? Porque hay una esencia divina, un alma, una luz, llámalo como tú quieras, que hace que ese cuerpo esté vivo. El alma es eterna y tiene la misma calidad que Dios. Entonces Dios crea una serie de especies de vida. Los *Vedas* hablan de ocho millones cuatrocientas mil especies de vida. Y el alma va transmigrando de un cuerpo a otro. Como es eterna puedes estar miles y miles de años evolucionando desde que eres una planta, por ejemplo, hasta que llegas a ser humano. Pasas por toda una serie de cuerpos. Por eso el hinduismo propugna la no violencia. La no violencia no solamente con los seres humanos, sino con todos los seres.

Por ejemplo, nosotros practicamos la dieta vegetariana para no matar a los animales. Porque los animales tienen alma, y si nosotros matamos a un animal estamos interrumpiendo su ciclo de vida natural, su evolución. No es lo mismo una muerte natural que el que yo lo mate. Una cosa es matar a un animal en defensa propia, que me venga a atacar un león y yo tenga un rifle y lo mate defendiéndome; esta sería una cuestión de defensa porque también tengo que defender mi alma; y otra cosa es matar a un animal por el simple placer, como la caza deportiva o un espectáculo como los toros, o matar a un animal para comer sin ser ello necesario porque tienes a tu disposición gran variedad de verduras y frutas. Eso crea *karma* negativo y además estoy interrumpiendo la evolución del alma que he matado; por ejemplo, si esa alma está en una gallina y de la gallina iba a pasar a un siguiente cuerpo más elevado, como un perro. Al interrumpir yo esa evolución, ha de volver a nacer otra vez como gallina. Por lo tanto, estoy alargando su plazo de evolución.

Así que, por supuesto que los animales tienen alma. También los árboles tienen alma, y las plantas. Lo que pasa es que son almas con diferentes niveles de conciencia. El alma tiene dos tipos de cubierta: una cubierta física, que es el cuerpo, y la otra cobertura, que es lo que se llama cuerpo sutil o cuerpo astral, que es la mente, el ego... Esa cobertura del alma está más desarrollada en unos seres que en otros. En el ser humano está desarrollada al máximo. Nos da la capacidad de la memoria, del habla. Los animales se comunican, pero en otro tipo de lenguaje que no entendemos. Las plantas también tienen alma, pero tienen un nivel de conciencia muy bajo, lo cual hace que a la hora de sentir dolor sientan mucho menos.

Y ahora viene lo que muchas veces dice la gente: «los vegetarianos también matáis entonces». Sí, claro, pero es que ya las Escrituras dicen que una entidad viviente es alimento para otra entidad viviente. No podemos alimentarnos sin matar. Pero no es lo mismo degollar a un borrego que comerte un tomate. ¿Por qué? Porque los niveles de conciencia son muy básicos en el mundo vegetal mientras que el mundo animal está mucho más desarrollado. Entonces tratamos de causar el mínimo daño posible.

Y entre encarnación y encarnación, ¿cuánto tiempo pasa?

En el hinduismo hay varias versiones. Pero la más extendida es que cuando el alma abandona el cuerpo hay un pequeño período de doce días durante el cual el alma no encarna. En esos doce días se hacen unos rituales. Los hace la familia del fallecido con ayuda de un sacerdote para iluminar el alma hacia su siguiente destino.

El alma común, cuando el cuerpo muere sale y está como aturdida, perdida, y así tratamos de guiarla a su siguiente reencarnación. Cuando el alma sale del cuerpo, tenemos que tener muy en cuenta que muchas veces la medida del tiempo que se da en los textos antiguos no se corresponde con el que nosotros utilizamos en la actualidad. Porque muchas veces, cuando se habla de cuarenta y nueve días... veinte días... son días celestiales. Son días de acuerdo con la luna. No siempre son días de veinticuatro horas, ¿entiendes? Las diferentes culturas regían el tiempo de distinta forma. Lo que sí se habla es de que cuando una persona fallece y su alma sale del cuerpo está durante siete u ocho horas alrededor del mismo.

Porque todavía siente un apego por ese cuerpo. Por eso en el hinduismo, cuando fallece una persona se recomienda que lo antes posible se incinere el cuerpo, para que esa alma pierda esa conexión, ese apego, y pueda seguir viajando.

Por ejemplo, en España la ley te obliga a velar un cuerpo veinticuatro horas, pero en la India a veces a las siete o nueve horas ya lo incineran si es posible. Es verdad que también lo hacen por una cuestión práctica. La India es un país muy caluroso y no todos los sitios tienen cámaras frigoríficas para guardar un cadáver, pero también por una cuestión más espiritual, para que el alma continúe su viaje. Date cuenta de que el alma está dentro de un cuerpo... Es como si tú estás en tu casa y de pronto te desahucian. Tú tienes apego por ese sitio en el que has estado viviendo y tendrías resistencia a irte, ¿verdad? Incluso cuando sales porque te han desahuciado, quizá durante los primeros días vayas a ver la que era tu casa y eso sea un impedimento para tu evolución, para que sigas tu camino. De ahí la importancia de incinerar el cuerpo; así el alma pierde ese apego por algo que no existe. No es lo mismo que si lo entierran, pues entonces habría un lento tiempo en el que se iría descomponiendo... Pero si desaparece en cenizas, no tienes más remedio que seguir adelante porque ya no tienes ningún rastro del que era tu cuerpo y así ya sabes que no puedes volver.

¿Y entonces qué hace el alma? El proceso de la reencarnación sigue cuando el alma entra en un cuerpo a través de una relación sexual entre una mujer y un hombre, y ahí comienza una nueva vida. En el momento de la gestación. Hay gente que dice que el alma no entra hasta los siete meses... El hinduismo dice que desde que el espermatozoide y el óvulo se juntan y la mujer queda encinta, el alma ya ha entrado ahí y está viviendo hasta que salga al exterior a los nueve meses.

Si el alma entra en el cuerpo de la futura madre en cuanto el espermatozoide entra en el óvulo, entonces el aborto...

Totalmente en contra. El aborto es como tratar de matar el alma, aunque el alma no se puede matar, pero es un ser que empieza ahí su viaje.

Cuando hay personas que se quedan embarazadas y a lo mejor a los seis o siete meses, cuando sea, abortan de forma natural por cualquier complicación, el hinduismo dice que era un alma tan avanzada espiritualmente que solamente tenía que vivir esos pocos meses en el planeta Tierra. Esos meses que le quedaban los ha pasado en el cuerpo de la madre y luego se libera. Por eso en el hinduismo, a los niños menores de cinco años no se les incinera, se les entierra. Son almas que abandonan el cuerpo tan jóvenes que han alcanzado tal grado de pureza que no es necesario destruir el cuerpo. Porque esas almas ya no reencarnan.

Y a los grandes maestros tampoco se les incinera. Se les entierra. Se dice que han entrado en Samadhi. Entonces su cuerpo se entierra en sal para preservarlo y luego sobre el cuerpo se suele crear una estructura que es lo que luego la gente va a venerar. Por ejemplo, en la India vas a algunos lugares sagrados y hay tumbas de maestros.

Si en las primeras horas o días, el espíritu está cerca del cuerpo, puede ver a sus seres queridos llorándolo. Pero eso podría dificultar el siguiente paso. Quizá, para facilitar el desapego, ¿sería recomendable que los seres queridos no montasen «numeritos» en los velatorios?

Eso es muy importante. Aunque no dejamos de ser humanos y tenemos que ser conscientes de nuestros sentimientos y emociones, que son inevitables. Todos tenemos apegos por nuestros seres queridos y en cierto aspecto al principio es incluso bueno llorar y poder expresar los sentimientos. Siempre y cuando no se lleguen a montar grandes números.

En mi caso, por ejemplo, cuando falleció mi padre durante tres días yo no lloré, pero luego ya, el día que hicimos la incineración es cuando empecé a llorar. Cada persona lo expresa de una forma diferente. Está claro que son apegos; por eso las Escrituras nos enseñan que el apego no es por el cuerpo sino por el verdadero ser. Fíjate cómo en todas las culturas se dice «mi padre se ha ido». ¿Quién se ha ido? Se ha ido el alma. El hinduismo te enseña que sentimos tristeza por el apego que tenemos por el cuerpo, pero el alma ya se ha ido a otro destino, que será mejor o peor dependiendo de sus acciones. Por eso hay un tiempo para el duelo, pero una vez que se acaba con el cuerpo, ya sea enterrándolo o incinerándolo, la preocupación real ha de ser por el alma que ocupaba ese cuerpo.

En el cristianismo, por ejemplo, se suele dedicar cada año una misa por el alma del difunto... ¿Qué ritos tiene el hinduismo?

Hay bastantes rituales. Aunque depende mucho de las comunidades, porque el hinduismo se divide mucho geográficamente. Por ejemplo, celebraciones que tienen en el sur de la India no tienen nada que ver con las del norte, aunque las dos regiones practiquen el hinduismo. Pero lo general, una vez que se hace la incineración se guardan doce días de luto. En esos doce días se trata de estar con la familia. La ropa de luto en el hinduismo es de color blanco. El hinduismo es muy colorido; esa ausencia de color es el luto. En el hinduismo lo que se hace es colocar una foto de la persona fallecida y se le pone una vela o una lámpara de aceite, que se mantiene encendida durante doce días.

Luego, durante el primer año se suelen hacer ceremonias una vez al mes. Y la ceremonia consiste en darle de comer a una vaca, por ejemplo. Tú cocinas el plato favorito del difunto –vegetariano, por supuesto– y se lo das a comer a una vaca. Porque en las distintas Escrituras se dice que el alma, en su evolución, antes de ser humano era vaca. Al darle ese alimento a esa vaca la estás ayudando y animando para que siga su avance y en su siguiente vida esa alma reencarne como ser humano.

Aquí en España, lo que hacemos es que muchas veces la gente cocina y vienen gatos o perros a comer. Y eso lo hacemos durante un año. Luego tenemos una ceremonia que se llama *Pitru Paksha*, que significa ritual por los antepasados. No solamente por nuestro padre, por ejemplo, sino también por nuestro abuelo, nuestro bisabuelo... por todos nuestros difuntos. Es una forma de honrar su alma, aunque sus almas ya estén en otros cuerpos. Es una celebración que cada año varía según el calendario lunar.

Si quiero tener una buena próxima reencarnación, ¿qué puedo hacer desde ahora mismo?

El hinduismo aporta una cosmovisión, unos comportamientos, una etiqueta de vida. Por ejemplo, el yoga empieza por *yama* y *niyama*, que son una serie de comportamientos éticos de carácter interno y externo. Es decir, yo debo tener un comportamiento bueno hacia mí mismo y hacia el resto de personas.

Te voy a contar algunos de esos comportamientos:

- *Sathyam*: decir la verdad.

- *Ashteya*: no robar. Robar crea mal *karma* y no robar es buen *karma*.

- *Svadhiaya*: el estudio. Una persona tiene la obligación de estudiar, no solamente temas académicos, sino también la espiritualidad, por ejemplo. Una persona, ya que tiene un cuerpo humano, debe preguntarse: «¿qué hago en este mundo material?, ¿cuando muera adónde iré?». Todo eso se resuelve estudiando.

- *Ahimsa*: no violencia. No practicar la violencia ni física, ni verbal contra las personas ni los animales. Por ejemplo, el llevar una dieta vegetariana es un *karma* muy positivo. Las personas que llevan una dieta vegetariana, aunque no sea por razones religiosas sino por razones de salud o éticas, tienen un *karma* muy bueno. No estás creando dolor a otros seres y al mismo tiempo tú no te los estás comiendo. Hay gente que dice, «no, pero yo no lo he matado, solo me lo como, lo compré ya muerto en el mercado». Pero tú eres parte del problema, de ese sistema que permite matar animales. Eres cómplice. Cuando hay un asesinato la Policía detiene al autor criminal y al autor intelectual, el que pagó al otro para que matara. Eso genera un *karma* colectivo. Estás pagando para que otros maten algo para tú después comértelo. Eres cómplice de ese asesinato, no nos engañemos. La no violencia es importante.

- *Saucham*: quiere decir limpieza, llevar una vida de hábitos saludables. Limpieza a nivel físico, pero también mental. La importancia de la meditación. Y ser conscientes de que somos parte de un macrocosmos. Todos estamos conectados el uno con el otro. Lo que yo le haga a una persona va a crear una reacción que afectará a mucha gente. Lo importante es eso, llevar una vida piadosa, una vida correcta. Para ello no es necesario irse a vivir a un bosque, llevar taparrabos, raparse la cabeza...

Mira mi caso; yo tengo pareja, hijo... Pero eso no impide que intente hacer todo el bien posible. De hecho, en el hinduismo el sacerdocio es para un hombre de familia. Y aquellos que quieren optar por el celibato y demás, también es respetable, pero son los menos. No son el ejemplo a seguir por la sociedad. Se trata de llevar esa vida correcta, una vida que tenga deberes, aunque también una complacencia de los sentidos, porque el hinduismo nunca rechaza el placer, siempre que sea sin causar daño a otras personas.

El hinduismo habla de *Artha*, el desarrollo económico, la necesidad y algo que es lícito como ganar dinero, por métodos que no sean ilegales, claro. Todas las personas deben tener su forma de ganarse la vida.

- *Moksha*, que significa liberarse. La finalidad última del hinduismo es que el alma se libere de estar continuamente reencarnando, lo que nosotros llamamos *Samsara*.

- *Samsara* significa ciclo. Ciclo o rueda de nacimiento y muerte. Nace y muere, nace y muere... Ahora estamos en este cuerpo, ¿pero por cuántos miles de cuerpos habremos pasado ya? Ya es hora de que te centres y trates de no reencarnar más. Esa es nuestra recomendación: tratar de llevar una vida lo más ética y acorde con una serie de principios, porque es muy complicado ser tan evolucionado que no te haga falta reencarnarte otra vez, pero que al menos te reencarnes en una posición mejor que la anterior y eso te permita seguir tu camino con una serie de facilidades a nivel material y social. Y cuando llegues a ser un alma muy avanzada ya no tendrás que reencarnar y podrás regresar al mundo espiritual donde todos disfrutaremos de la compañía de Dios.

Al final es lo que todos queremos: no volver a reencarnar.

La reencarnación tiene un lado muy bonito al decir: «para lo que no me ha dado tiempo a terminar en esta vida, tengo una segunda oportunidad». Pero al mismo tiempo sufrimos en el nacimiento, sufrimos en la enfermedad, sufrimos en la vejez y sufrimos en la muerte. Es volver a repetir todo un ciclo. Lo que pasa es que el alma, cuando deja un cuerpo y pasa al siguiente, en ese período de tiempo es como si le hiciesen un *reset*. Pierde esa memoria y empieza desde cero. Pero sí que hay personas sensibles que tienen ciertos recuerdos de vidas anteriores. La reencarnación es un problema. Es un problema en el sentido de que es una forma de continuar sufriendo. De volver a pasar por una serie de experiencias. Nadie te libera de enfermar, de envejecer y finalmente de morir. Y otra vez y otra vez y otra vez. Por eso el hinduismo habla de liberarse mientras que otras religiones te dicen «no, tú te mueres y tienes que esperar a un juicio final para resucitar».

En el hinduismo no hay resurrección, hay reencarnación. Siempre vas teniendo un cuerpo nuevo porque lo que perdura es el alma. El cuerpo se deteriora. ¿Cómo vas a resucitar con un cuerpo que no te sirve? El alma siempre va buscando nuevos cuerpos. Es como si tengo una chaqueta, y cuando ya está rota, la tiro y me compro otra. Lo mismo.

¿Cómo crees que afrontarás tu propia muerte?

No sé. La vida es efímera y luego, por cuestiones kármicas, uno nunca sabe realmente. No sabes en qué circunstancias ni dónde vas a dejar el cuerpo.

Como devoto vaishnava sí que me gustaría estar rodeado de otros devotos, y que estuviesen cantando mantras... A pesar del dolor que pudiesen sentir mis seres queridos, que fuese una celebración. Una celebración porque me libero de este cuerpo físico y paso a una existencia mejor. Sí que ayuda a que el alma evolucione el que haya una congregación de personas orando por ti.

Hace unos días murió un hermano espiritual muy querido. Hermano espiritual quiere decir que él y yo éramos discípulos del mismo maestro. Pues bien, yo tuve que oficiar la ceremonia y había muchos devotos cantando, recitando mantras... Era un acto donde no solo había dolor –que claro que lo tienes–; sabíamos que esa persona, por sus acciones y por la vida tan ejemplar que había llevado, no iba a encarnar. Eso ayuda mucho. Cuando llegue el momento, me encantaría encontrarme en una situación así.

ISLAM

ENTREVISTA A HUSSAM KHOJA

«Qué bonita». Es lo que uno piensa al acercarse a la mezquita de la M-30. ¿Cómo será por dentro? Es la mezquita más grande de España e impone. Me ha costado varios intentos, pero finalmente tengo cita con el imán. Es domingo por la mañana y tras pasear por el patio interior del centro me encuentro casualmente con él, Hussam Khoja.

Me presento y nos saludamos cordialmente. Me hace pasar a un despacho; le gustaría que a la entrevista asistiese también un colaborador de la mezquita que tiene mejor dominio del español que él y así le podrá ayudar a traducir algunas cosas. Le digo que sin problema y esperamos a Adil, que rápidamente pide que nos sirvan un té –buenísimo, he de añadir– y empezamos.

Pese a que en España hay un alto número de personas seguidoras del Islam, y pese a que tengo varios amigos árabes, le confieso que nunca he sabido todo el protocolo a seguir cuando alguien fallece. ¿Qué ritos fúnebres hay en el Islam?

Hablaremos desde el punto de vista islámico en general, no de países. Cuando muere una persona, lo primero que se hace es llevar su cuerpo al lugar donde se realiza el lavado, la purificación.

En esa purificación se presiona el estómago para que el cuerpo expulse todos los restos que queden en las entrañas y se cierran todos los orificios, nariz, boca... Posteriormente se lava cada miembro tres veces. Después se seca y se le ponen algunos perfumes especiales con los que se impregna el cuerpo del difunto para que esté limpio, ya que va a encontrarse con Allah.

A continuación comienza el rito de amortajarlo. La mortaja consiste en telas blancas sin costuras ni nada. Al hombre se le amortaja con tres telas y a la mujer con cinco. Se amortaja todo el cuerpo cubriéndolo completamente. Se atan los extremos; es decir, se atan las telas por la cabeza y por los pies.

Luego, el cuerpo, ya amortajado, se lleva directamente para la oración. La oración por el difunto es una obligación. Para las personas que se encuentren en la mezquita es un acto muy recomendado que deben realizar. No es una obligación para el resto de los musulmanes. Se coloca el cuerpo delante del imán, y por consiguiente delante de todos los orantes, y se realiza un rezo que tiene características especiales.

Una vez completada la oración se sitúa al difunto sobre un soporte para trasladarlo al cementerio y posteriormente se le coloca en la tumba que será su nueva morada, su nueva casa.

La sepultura tiene una zanja en la que se coloca al difunto orientado hacia La Meca y después se le desatan las ataduras que le habíamos hecho en la cabeza y en los pies. Pero eso sí, sin descubrir el rostro ni el cuerpo. Y se cubre el hoyo de tierra hasta llenarlo por completo y al acabar se derrama agua por encima de manera que se cree barro.

Luego se pide a las personas que están allí presentes que se acerquen y oren pidiendo a Allah que perdone al difunto.

¿Por qué hacen esto? Porque cuando el cuerpo se queda solo en su tumba acuden a él los ángeles y le hacen tres preguntas: ¿Quién es tu Dios? ¿Cuál es tu religión? Y ¿quién es tu profeta?

Según las respuestas que el difunto dé, su tumba se hace más grande o se estrecha, lo que supone una recompensa o un castigo por la vida que ha llevado esa persona recién fallecida. Este proceso es una forma de «dar cuentas», para que nos entendamos. Por eso a los congregados en el entierro se les pide que oren a Allah.

Así que, resumiendo un poco, al difunto se le lava el cuerpo, se amortaja, se lleva a la mezquita y se le entierra. Cuanto más rápido se haga todo este proceso mucho mejor. No conviene retrasar el momento del entierro. Por eso en los países árabes, cuando alguien muere se puede ver que lo entierran lo antes posible. Eso de forma general.

¿Qué tradiciones tiene el Islam cuando es el aniversario de la muerte de un ser querido?

En el Islam no existe ninguna tradición, pero sí hay costumbres en algunos países musulmanes como Marruecos, por ejemplo, Sudán, Egipto... Pero, en Arabia Saudí, no.

Después del fallecimiento, lo que sí existe es «La Casa del Pésame». Después del entierro se establece una casa para que los familiares del difunto reciban a las personas que desean darles el pésame. Esto es un proceso que dura tres días como máximo. Pero se requiere que en el mismo no se derroche mucho dinero, por lo que la gente de la casa no ofrece comida. Allí se va a dar el pésame por la pérdida de un ser querido. Se deben mencionar las buenas cosas del difunto y no lo contrario.

Por consiguiente, como vemos, en el Islam la costumbre de recordar a un muerto de forma especial en cada aniversario de su muerte no existe. Como costumbres o tradiciones específicas de cada país, sí.

Según el Islam, ¿qué ocurre cuando morimos?

Según la tradición del profeta Muhammad, cuando los ángeles acuden ante el difunto para hacerle las tres preguntas, el hombre bueno les ve bien vestidos y con rostros agradables. El hombre malo, en cambio, no ve el aspecto real de los ángeles, sino que los vería con aspecto monstruoso e intimidatorio y también olería perfumes desagradables.

En el hombre bueno, el alma sale del cuerpo fácilmente, sin ningún dolor. En cambio, en la persona mala su alma sale con mucho dolor.

Sean buenas o malas, estas almas las cogen los ángeles y las suben al Cielo. Y cuando llegan al Cielo, los guardianes preguntan de quién es el alma. Y los ángeles responden de quién se trata y de quién es hijo. Si es un alma buena, invocan a Allah por su misericordia, pero si es un alma mala no le abren el Cielo y la rechazan.

E independientemente de si se le acepta o no en el Cielo, Allah pide que se devuelva esa alma a su tumba y espere junto a su cuerpo.

Y al igual que en la extracción del alma del cuerpo, en este proceso ocurre lo mismo. Para el alma buena es algo dulce y para el alma mala es el pesar de los pesares. Porque Allah dice: «*de la tierra lo hemos creado y a ella devolvemos y luego otra vez lo sacaremos de ahí*». Así que esto supone devolver las almas a los cuerpos, en las tumbas. De ahí la importancia de las primeras tres preguntas que les hacen los ángeles y que supondrán que se amplíen o reduzcan sus tumbas.

De la vida dentro de la tumba no tenemos textos oficiales para explicarla.

Pero si el alma regresa a la tumba, ¿por qué llevarla al Cielo? Aunque el alma sea buena y le den acceso al Cielo, no entra, vuelve a la tumba. ¿Entonces?

Así es. Pero el alma buena gozará de una tumba amplia y sabe que tiene su lugar asegurado en el Paraíso cuando llegue el día del Juicio Final. Por eso le pide a Allah que lo adelante.

Sin embargo, el alma mala, a la que se le ha estrechado la tumba, sabe que tiene su lugar asegurado en el infierno y le pide a Allah que no adelante el Juicio Final.

Lamentablemente, como dije, no hay más explicación en los textos de cómo es la vida en la tumba. El Islam se ha interesado mucho más en explicar cómo tenemos que obrar en la vida. En cambio, no tanto de la vida después de la muerte. Solamente se ha dicho que puede ser una recompensa o un castigo. Pero del día del Juicio Final sí que hay muchos textos... Pero nos llevaría horas y horas explicarlo y no acabaríamos.

Al leer uno esta entrevista puede pensar, «pues vaya, yo quiero que al morir me acepten en el Cielo y tener una tumba ancha en la que esperar al momento de entrar en él». ¿Qué consejos puede darnos para empezar a asegurarnos de que nuestra vida después de la muerte sea una recompensa?

Que obedezcan y cumplan las órdenes de Allah. También es importante apartar de nuestra vida aquello que Allah ha prohibido. Así es más fácil. Por eso, la persona que quiere morir bien debe, desde ahora, obrar bien con sus padres, sus vecinos, el medioambiente, los animales, todo. Lo más importante es ser justos con los demás seres humanos.

En el Islam la relación entre uno y Allah es confidencial. Yo no puedo decirte si irás o no al Cielo, eso es cosa de Dios, es un trato personal que todos tenemos con Allah. Pero si se es injusto con la gente robando, manipulando, maldiciendo, golpeando o matando, Allah lo tendrá en cuenta hasta que llegue el día de la resurrección. Por eso en el Islam incluso los animales estarán en el día del Juicio Final.

Por eso nosotros en todos los sermones estamos advirtiendo que no se invadan los derechos de las otras criaturas de Dios. Porque eso es algo que nos concierne y se ha de castigar.

La muerte es un proceso natural por el que todos pasaremos y por el que todos perderemos a algún ser querido tarde o temprano. Sin embargo, existe un tabú a la hora de hablar o pensar en ella. Como líder espiritual, ¿cuál es su consejo para convertirla en algo natural?

Para mí la muerte es muy natural. Asusta, pero es una realidad. Cuando hay un fallecido en una familia se hace difícil ser sinceros con los pequeños por completo. Sin mentir, es bonito decirles que los fallecidos se han ido al lado de Dios.

A lo mejor es por mis convicciones, pero eso me reconforta. En cambio, la gente que tiene un vacío espiritual suele tener problemas. Hay muchos que deciden esperar a la muerte con mucho miedo. La mayoría de los musulmanes afrontan la muerte como algo natural; hay muy pocos que no estén tranquilos ante ella. También la gente que se queda aquí ante la pérdida de un ser querido. Por mucho que estalles a llorar tirándote al suelo y rompiéndote las vestiduras, ya no va a volver.

Aunque hay algunos muertos que al verse en sus estrechas tumbas y con el puesto asegurado en el infierno piden volver para obtener redención mediante obras de caridad y de ayuda al prójimo, pero ya no pueden.

¿Cuál fue su primera experiencia con la muerte?

Con el hijo de mi tío. Yo era muy pequeño. Tenía once años y me sorprendió mucho. Fue la primera muerte que me impactó, pero luego recibí la tranquilidad y el sosiego que me daba el creer en Dios. También es verdad que seres queridos cercanos aún no me faltan. Me quedan incluso mis abuelos, que son muy mayores y que espero que tengan un buen final.

Una de las cosas bonitas del Islam es que cuando vemos una persona mayor no pedimos que Allah le alargue la vida. Pedimos que tenga un buen final. Aceptamos que todo el mundo muere, pero que tenga un buen final.

¿Cómo cree que afrontará su propia muerte?

Incluso el Profeta del Islam, al que todo se le ha perdonado, dijo: «no sé lo que Allah hará conmigo».

No espero un trato de favor por ser imán. Eso no me coloca por encima de nadie. De hecho, quizá el alma del que recoge la basura en la calle sea más pura que la mía y esté más cerca de Dios. Quizá un imán tenga más conocimiento de los textos pero cometa alguna injusticia, así que todos somos iguales ante Allah. Las almas no tienen cargos, solo importa la pureza.

SUFISMO

ENTREVISTA A SHOJAEDDIN SHAHNAVAZ

B ajo del tren. Busco la dirección que me dio por teléfono y me recibe con un cálido abrazo. Shojaeddin, Sirus, me pide que le llame en confianza. Es un hombre tranquilo y eso me gusta. Es maestro sufí de la orden Molaviye persa para Europa, y pese a que habíamos coincidido en un par de ocasiones, es la primera vez que charlamos. Me habla del libro que lleva años escribiendo y que espera terminar algún día, también de sus hijos que en ese momento no están en casa y me pregunta por qué alguien tan joven se interesa por la muerte.

Nos sentamos en su jardín. Está empezando a hacer calor, el duro invierno de Madrid ya ha quedado atrás. Es un momento agradable. Una conversación sin reloj; solo dos personas compartiendo.

Hay mucho desconocimiento acerca del sufismo en España, de ahí mi primera pregunta, por las muchas opiniones divergentes que he ido escuchando. ¿El sufismo es una religión o una filosofía espiritual?

El sufismo es una forma de vida, no una religión. Es cierto que tiene su base en el Islam, pero tienen poco que ver. Te digo el porqué. La religión es fe ciega y leyes. Qué hacer o qué no hacer. Qué comer o qué no comer. Sin embargo, el sufismo es sentimiento.

Si, por ejemplo, digo: «yo veo a Dios». ¿Pero cómo ves a Dios? ¿Como un niño o como un señor con barba blanca? Yo le veo, pero no con estos ojos, sino con el corazón. Yo siento eso. Cuando tú tocas este hierro frío –dice, tocando su mesa del jardín–, eso es sufismo. Eso es misticismo. La diferencia está ahí.

Ahora te digo otra cosa, ¿puedes explicarme el olor de esa rosa? Si no puedes, escríbelo. Si no puedes escribirlo pues pinta. Pero solo tienes que oler. Eso es sufismo. Tienes que experimentar, eso es sentimiento. Yo llego a este amor, ¿cómo llegas? Cada uno en su idioma dice qué es. Es frío, es calor, es dulce, es amargo. Hace 3.500 años Buda y Zaratustra en Persia llegaron a las mismas conclusiones. Porque somos humanos y tenemos la misma visión, salvo que hablamos idiomas diferentes.

Rumi, en una poesía bellísima, dice: «*Cuatro personas de cuatro nacionalidades diferentes eran amigas, pero hablaban idiomas diferentes. Encuentran algo de dinero, pero como el dinero era poco, llegaron a la conclusión de que, en vez de repartir ese dinero en cuatro partes, comprarían una sola cosa y comerían los cuatro juntos. El español, por ejemplo, dijo 'vamos a comprar uvas'. El persa dijo 'No, uvas, no, angur'. El árabe dijo 'no, eanab mejor'. El turco dijo 'mejor compremos üzüm'. Empezaron a pelearse y se mataron. Vino uno, que sabía los cuatro idiomas y había visto toda la situación, y dijo que los cuatro decían la misma cosa: uvas. Pero lucharon por hablar diferentes idiomas, y no hablar el único idioma, el del amor*».

¿Ves a los niños que, aunque sean de diferentes países, cómo juegan? Y hablan entre ellos y no tienen problemas. Niños de tres o cuatro años no tienen problema para comunicarse. Cuando mis hijos tenían esas edades jugaban con extranjeros y yo pensaba, ¿cómo se entienden? ¿en qué idioma hablan? Pero se comunicaban, se entendían.

Por eso el idioma del amor es el que el hombre necesita. El resto sobra. Hoy en día están las religiones con sus leyes; ya tenemos suficientes leyes gracias a la Justicia. «No matarás, no robarás...». Eso ya está protegido por el código penal. Quizá antes faltaban esas cosas, leyes entre humanos... Puede que hiciese realmente falta una ley que dijese «no robarás». Pero hoy en día ya no es necesario que eso lo diga la religión. El hombre de hoy en día necesita amor, mucho amor.

Para nosotros, los sufíes, Jesús ha sido el gran mensajero del amor. Le llamamos el Gran Hombre Amoroso del Mundo. Es que no existe más que él para nosotros. También para los musulmanes. En el Corán se habla mucho de él, muchísimo. Es muy respetado, y su madre María también.

¿Cuál fue el origen del sufismo?

Empieza en el siglo XII. Pero nuestra forma de pensar proviene de muchas religiones, como el budismo, el hinduismo, el islamismo, el cristianismo... Incluso del judaísmo. Es una mezcla de todo eso. El hombre ha cogido de cada cosa lo mejor.

Por ejemplo, del judaísmo. En la Torah, cuando habla David, dice: «*Yo para Dios, canto*». Nosotros cantamos mucho y tocamos instrumentos... Bailamos con giros; eso viene del judaísmo. El que un sufí no quiera tanto materialismo viene del cristianismo, de los frailes que lo dejaban todo y se iban de ermitaños. El sufí es muy ermitaño. Un sufí se va y no quiere nada material. Y, del budismo, muchísimos pensamientos. Aunque hay algo que poca gente sabe, y es que el budismo no es una religión sino una filosofía espiritual. Buda nunca habló de Dios. Habló solo de esta vida. Dijo «la vida es sufrimiento». Algunos amigos concluyen que Buda dijo «la vida es sufrimiento tal y como vivís». Pero yo no lo creo. Porque para mí la vida en sí misma es sufrimiento: enfermedades, problemas, necesidades... El causante del sufrimiento es el deseo, «yo quiero», el ego: «yo quiero para mí, quiero más». Para suavizar este sufrimiento, dijo Buda, «os doy unas recetas: aparcad el ego, dejando en su sitio al amor».

¿Por qué los sufís insistimos tanto en servir? Los sufís, sobre todo en mi orden, insistimos en servir. Pero sin pensar «¿y yo qué?». Si piensas eso, ya no sirve. Entonces ya eres comerciante. Ya estás negociando. No, servir sin pensar, porque si no el ego siempre buscará la forma de seducirte de nuevo.

Como dijo Rumi, «yo quito el ego, lo saco por la puerta y vuelve por la ventana. Y cierro la ventana y se cuela por otro sitio. No me deja en paz». Por eso Buda dijo: «aparcad el ego y poned en su lugar el amor». Porque cuando quitas algo hay que poner otra cosa en su lugar.

¿Cómo conociste el sufismo y por qué seguirlo?

Cuando tenía quince años a un tío mío, que era sufí y que me gustaba mucho cómo era, le dije: «yo quiero ser como tú». Me llevó ante un gran maestro sufí y me convirtieron en sufí. Y así toda la vida hasta que me nombraron maestro para Europa. Por eso no paro de viajar dando conferencias.

¿Qué es para el sufismo la muerte?

La muerte para un sufí no existe. Es solo convertirse.

Hay mucha gente, especialmente en Occidente, que dice que la muerte es el fin. Claro, es el ego... No quieren hablar de la muerte. Los cementerios siempre están lejos, como apartados. En el sufismo es al revés. Es muy recomendable, incluso una vez al mes, ir al cementerio. Pensar en tu muerte diariamente. Todo eso tiene una explicación, y no es que seamos pesimistas. Habrás visto en películas o libros, cuando a una persona le dicen «te quedan X meses de vida», el cambio que hacen: dan amor, se quitan los bloqueos... Menudo cambio. ¿Por qué? Porque saben que tienen el tiempo contado. ¿No sería maravilloso vivir así?

¿Tú tienes más tiempo que esa otra persona? No, la vida es caprichosa. «No, es que yo soy joven». ¿Qué tiene que ver? Te puede caer una maceta en la cabeza esta misma tarde.

Otra historia. Un hombre hablando con un cura. «Me dijeron los médicos que iba a morir, así que cambié. He cambiado la actitud... Ahora soy un hombre nuevo». Y le preguntó al cura: «¿Usted cree que Dios me va a perdonar?». A lo que el cura le dijo: «claro, hijo, ¿por qué no? Pero, dígame, ¿qué enfermedad tiene usted?». «No, de momento nada. Los médicos solo dijeron que iba a morir». «¿Qué tiempo te han dado?». «No sé, de un día a setenta años más, pero ahora sé que voy a morir. He cambiado. Estoy aprendiendo el desapego».

Por eso el sufí insiste en pensar diariamente en la muerte. Porque es la única verdad de la vida. El resto puede ser o no ser. Pero la muerte sin duda llegará. Y eso no es nada malo, en absoluto; es como un bebé cuando está en la barriga de su madre, que piensa que todo el mundo es eso. Pero cuando sale, ve que no. La muerte es igual, vamos a mejorar. No existe la muerte.

Además, te digo una cosa: filosóficamente el hombre no puede aceptar la muerte por no poder digerir el no estar. ¿Cómo puede imaginar no estar?

Un cuento sufí. Unos insectos están bajo el agua y hablan entre ellos. «Ninguno de nuestros amigos que ha salido fuera del agua ha vuelto, así que mejor no subir nunca y no salir del agua». Pero uno de ellos se atrevió y salió del agua por un bambú y notó el calor del sol y se convirtió en libélula. Volando... «Qué bonito es volar...». Y quiso volver y decirles a sus amigos que aquello era buenísimo, pero no pudo bajar al agua, ya no.

No tengáis tanto miedo, por favor. La libélula vio un mundo lleno de flores, calor... Morir no es tan malo. De hecho, nosotros decimos que es obligatorio morir voluntariamente. ¿De qué? De los deseos, hay que vivir en paz. Hay que desapegarse. Es difícil, muy difícil, claro. Por eso la santa de Ávila dijo «muero porque no muero». Me da rabia porque lo intento pero no llego, porque fácil no es. Por eso Rumi dice que echa a su ego por la puerta y se cuela de nuevo por la ventana. Grandes personajes han intentado eso, porque tu ego nace contigo.

Rumi dice: «*un hombre entra en su establo, donde hay una vaca muy grande. Era tarde y no había luz. Acaricia a la vaca y se marcha de vuelta a su casa. Un día, entró un león al establo y se comió la vaca. El hombre entró sin saber nada y, como era tarde, a oscuras. Empieza a tocar el león y dice: 'mi vaca, ¿cómo estás?*». La ignorancia trae temeridad. La ignorancia no es buena. Por eso es absurdo ignorar y no pensar en la muerte, que es la única cosa segura.

Es muy importante tomarnos nuestros momentos, de vez en cuando, para pensar en ello. ¿Qué pasaría si me muriese ahora en este preciso instante?

«Esto ya lo haré cuando tenga trabajo...». «Cuando tenga una casa segura entonces podré...». No hay que dejar nada para mañana o pasado, ¿cómo sabes dónde vas a estar? A veces ves deportistas de élite que mueren de forma súbita. La gente se sorprende, ¿pero por qué ha muerto? Si les hacen sus revisiones, tienen muchos médicos siempre a su servicio... No, muerte súbita. ¿Y tú qué sabes qué va a ser de ti si en cualquier momento puedes morir?

¿Cómo enfrenta el sufismo las muertes prematuras?

Son iguales que cualquier otra muerte. Para nosotros, cuando alguien o algo nace, ya está escrita la fecha de su muerte física. Ese mismo día ya está escrito. No se puede escapar de esa fecha. De ninguna manera.

Otra historia de Rumi: «*el rey Salomón tenía una alfombra voladora e invitó a todo el mundo a una fiesta en su casa. Entre los invitados había un ángel que tomaba las vidas de las personas por orden de Dios. Se llamaba Israel. Y esa misma noche, cuando terminó la fiesta, un comerciante se acercó a Salomón y le contó: 'he visto a Israel, el ángel, que me miraba mucho. Me da miedo y temo que se quiera llevar mi alma'. Así que le pide la alfombra voladora a Salomón para huir lo más lejos posible. Salomón cede y el comerciante se va lo más lejos que conoce, a la India. Y una vez se va, Salomón llama a Israel y le pregunta que por qué ha hecho eso, por qué asustó al pobre comerciante en la fiesta. A lo que el ángel dice: 'No, yo no quería asustarlo, pero es que Dios me dijo esta tarde que por la noche tenía que coger la vida de ese comerciante en India. Y claro, cuando llegué a la fiesta y lo vi ahí me extrañó muchísimo que estuviese entre los invitados y no en la India. Y pensaba que cómo podía ser que Dios se hubiese equivocado y me hubiese dado una dirección falsa. Pero efectivamente, Dios no se equivocaba. Justo vengo ahora de la India de recoger el alma del comerciante'*».

Nosotros creemos que está escrito cómo se ha de morir. Claro, siendo así, ¿ya no tenemos responsabilidades? Rumi dice que no, que no es así. Tú el sol no lo puedes quitar, aunque no te guste. Imposible. Si no lo quieres, vete a la sombra. Esa es tu responsabilidad, pero no la de quitar el sol.

Si creemos que no todo termina aquí es porque creemos en la existencia de un espíritu.

El alma está y ya estaba. Solo hay un alma. Siempre digo que un sufí debe convertirse en mar. Tú eres una gota y has de llegar al mar. Una gota se forma y te llaman Toni, Sirus...

Pero nosotros decimos que mejor quitarse ese carnet de identidad y convertirnos en la gran alma que somos.

¿Entonces el sufismo cree en la reencarnación?

Desde luego, mi orden sí. Para nosotros la vida es una sola vida pero con varias existencias.

Vida como en gato, persona, planta... Tu alma es una. Tú vas a encontrar una vida mucho más amplia, más placentera, mejor, porque va mejorando. Al igual que el niño que sale de la barriga de su madre y va a parar a un mundo mucho más amplio, igual pasa cuando morimos. Nos encarnamos en otra persona según lo que necesitemos aprender.

Cuando en la escuela suspendes, ¿verdad que vuelves a repetir curso? Con compañeros nuevos, incluso quizá en una aula nueva y profesores nuevos; repites curso. Pues esto es igual. Por eso, en esta vida, más vale dejar la ignorancia y trabajar intensivamente para no volver. Porque esto es sufrimiento.

A Gandhi le preguntaron que cuál era su mayor deseo y dijo: «No volver».

Por ejemplo, también para el budismo el Paraíso es no volver otra vez. Irte a donde tienes que ir. Un sitio mucho mejor que aquí en la Tierra. ¿Dónde está? No lo sabe nadie, pero sin duda es mejor que este sufrimiento de aquí.

Esto justifica pensamientos tan cotidianos como el «¿por qué mi vida va tan mal y la de los demás no?» o «¿por qué me pasa esto a mí?».

Exacto. Hay que intentar aprender. Sabes que mueres; entonces hay que intentar trabajarse a uno mismo para no volver y así dejar de sufrir.

Porque esta vida es sufrimiento. Siempre se necesita algo, ya sea comida, aire, calor... Es imposible no sufrir, aunque se sea millonario o rey. La vida conlleva un sufrimiento inherente. Lo que pasa es que aquí en Occidente, cuando hablo de sufrimiento la gente dice: «no digas eso, Sirus, que la vida no es sufrimiento. Por ejemplo, el día de mi boda yo disfruté muchísimo».

Claro, pero es que la vida en sí misma es sufrimiento.

Es como la sopa. Imagina que a ti no te guste la sopa. Y te digo, «¿a ti te gusta la carne?» Sí. Pues yo te convenzo. «Anda, la sopa lleva carne. Cómete la carne de la sopa». «¿Y a ti te gusta el arroz?» Sí. Y te vuelvo a intentar convencer, «la sopa lleva arroz, va, cómete el arroz». Pero al final estás comiéndote la sopa que no te gusta. La vida es la sopa en general. La vida conlleva sufrimiento.

La persona lista se quita cuanto antes ese miedo a la muerte e intenta mejorar desde ya para no tener que repetir curso.

Allí donde vamos, ¿nos reconoceremos? ¿Hay un juicio en el Más Allá?

Eso mejor preguntárselo a las religiones, que son las que promueven leyes. Como musulmán se ha de tener fe en el día del juicio final. Como cristiano también. Como judío menos, porque Dios castiga al hombre en vida. Pero el Islam y el cristianismo sí que insisten en la idea del juicio final.

¿Qué ritos fúnebres tiene el sufismo?

En el sufismo hay ritos del Islam. Existen ritos como ir a la mezquita a leer el Corán o acudir a centros sufís... Sobre todo, en honor al ser querido que se ha ido, música con instrumentos como el daff.

Pero básicamente para un sufí eso es lo de menos. Sabiendo qué es realmente la muerte, el funeral es lo de menos.

Un maestro sufí dijo: «*Cuando yo muera, que todo el mundo aplauda, ría, celebre, porque iré hacia una vida mejor*». Al final lo que se ha de hacer es un homenaje a ese ser querido. A él no le gustaría vernos tristes, ¿verdad? Si le gustaba cantar, cantemos. Si le gustaba bailar, bailemos. Si le gustaba contar chistes, ¿pues por qué no? Recordemos aquel chiste que él siempre contaba en las reuniones.

¿Cómo crees que afrontarás tu propia muerte?

Supongo que tranquilamente. Porque en estos casi cincuenta años que llevo en este tema intento pensar diariamente en la muerte y eso lo suaviza bastante.

El problema no es uno mismo, sino lo referente a la familia que se deja atrás. Eso ya... los apegos. A veces uno se preocupa más por los que deja que por sí mismo. ¿Qué van a hacer sin mí? Al final el ego te ataca quieras o no por eso de sentirte importante. Claro, todo el mundo piensa que si no está nada es posible. Pero tienes que tranquilizarte, fluir, aceptar las cosas como son.

TAOÍSMO

ENTREVISTA A ITZIAR TORRECILLA GORBEA (TIAN XIN XIAN)

Me gustó encontrar a Itziar, discípula de un conocido maestro chino recién fallecido. Al intercambiar un par de llamadas nos caímos bien de forma instantánea. Eso sí, nos costaba encontrar una fecha para la entrevista. Siempre pasaba algo. Una de esas veces que se hubo de postergar, recuerdo que fue por la operación de mi padre. Me llamó mientras estaba en la sala de espera; yo pidiéndole mil perdones por no haberla contactado y ella que, al saber mi circunstancia, le dedicó una meditación a mi padre. No sé si influyó o no, pero mi padre salió victorioso de la operación y de su lucha contra el cáncer.

Y por fin llegó el día. Me recibe en su centro, del que es directora. «*No solo soy maestra taoísta, como me nombró el Maestro, sino eterna aprendiz de la vida y de todo, eterna viajera hacia el interior*», me dice. Me invita a un té con galletas y me enseña las diferentes estancias del lugar. Me llama la atención el que no sea exclusivamente taoísta; uno puede encontrar desde imágenes hindúes a grabados sufíes. Me cuenta de su largo recorrido de curiosidad espiritual y nos sentamos sobre unos cojines.

Aquí en España el taoísmo no es muy conocido. Hay gente a la que le suena gracias a Osho, haber escuchado el término de Yin y Yang... Ahora parece que se está poniendo de moda el Chi Kung o el Tai Chi en algunos círculos... pero realmente hay muy

poca gente en este país que sepa de verdad qué es el taoísmo. ¿Cómo me lo presentarías?

El taoísmo es una tradición milenaria que tiene un sistema, una estructura y una filosofía para el desarrollo del ser humano a través de la alquimia interior.

Te diría que, para mí, el Tao es igual a Dios. Sé que esta respuesta puede no ser muy bien recibida por otros seguidores del Tao, pero es mi respuesta más personal.

Como maestra y —aún me sigo considerando aprendiz del Tao y también profundamente cristiana— te respondo lo siguiente:

El Tao no tiene origen ni fin. Todas las cosas provienen del Tao (o el Tao es la fuente origen de todo) y para toda la existencia el Tao es su destino final. Y si me preguntas qué entiendo yo por Dios, mi respuesta sería la misma. De ahí que, abreviando, te contesto: el Tao, no teniendo principio ni final, es el origen y el final de todo lo existente.

Si vas al primer capítulo del *Tao Te Ching,* que es un libro básico y muy fácil de leer, aunque no es tan fácil comprenderlo en profundidad, te dice que el Tao —además de no tener origen ni fin— es innombrable. En el momento en el que estamos diciendo Tao, ya nos estamos alejando de Él. Intentamos poner nombre a algo que es inabarcable. El infinito no se puede ni definir, ni comprender, ni abarcar por algo o alguien finito.

Aquí en España no es costumbre seguir el taoísmo. ¿Cómo lo conociste y cómo acabaste haciéndote maestra taoísta?

Llegué a Madrid en el año 1984 para empezar a trabajar en la televisión como becaria y ya entonces me fui a vivir a un centro de yoga. Fue mi primer contacto con la espiritualidad. Porque algo dentro de mí me motivaba a moverme para aprender, para comprender la vida desde el interior.

Tiempo después, sufrí un accidente de tráfico. Tenía veinticinco años. Conducía el coche de mi padre y me pegué un gran golpe –en una recta, todavía no sé cómo pudo ser–. El caso es que mientras la muerte me acechaba, en ese intervalo sentí que le debía algo a la vida y que tenía que volver. A la vez sentí que todo mi cuerpo era pura energía, cómo todas las células se blindaban y que nada podía pasarme. Y así fue. Me blindé.

El coche quedó siniestro total, así que imagina el golpe. Cuando años después, tras pasar por muchos libros, maestros, cursos... leí lo que era el Chi, la camisa de hierro... dije, «esto es lo que me pasó», ese blindaje que sentí en ese momento. A mí no me tienen que contar que hay un camino para conocer y aprender a utilizar la energía para el desarrollo del ser humano porque yo he sentido que lo hay.

Después acabé conociendo a mi maestro, Tian Cheng Yang, que hace poco ha muerto. Su categoría era como de abad, para que te hagas una idea, que en el taoísmo se llamaba Jian Yuan. (*Jian*: superior. *Yuan*: templo).

Y al morir él me ha legado una gran responsabilidad.

¿Y cómo entraste en contacto con tu maestro?

Fue en un viaje grupal que realicé a Pekín. Nos pasábamos mañana y tarde practicando Chi Kung, pero un día libre que tuvimos, yo dije, «quiero ir al templo de la Nube Blanca».

Y por casualidad, de repente, vi a un chino hablando con españoles y le pedí por favor si podía hablar con algún taxista que pudiese llevarme a la dirección que deseaba, y me dijo: «tienes suerte porque es mi día libre y te voy a acompañar». Me enseñó el templo y ahí sentí lo que me había llevado hasta allí: la esencia de ese libro que me había llamado. Me pasaron varias cosas muy fuertes que no te voy a contar, pero muy fuertes a nivel interno.

El caso es que estando en el templo, pregunté, casi por curiosidad, si había algún maestro ahí que supiese castellano y me hablaron de un maestro que vivía en Barcelona. Me dieron su teléfono y le llamé. Me preguntó qué había hecho, qué conocía del Tao... y me invitó a Barcelona a conocerlo. Entonces nos conocimos y tras aceptarme como discípula me puso un nombre taoísta: Tian Xin Xian.

Tian es el origen del linaje, que nos une a Lao-Tse. Xin significa generación 25 (mi maestro era la 24). Y Xian significa inmortal o eternidad.

¿Cuantos años estuviste con tu maestro?

Nueve. Hará ahora diez que me aceptó como discípula.

Curioseando en Google, llegué a una entrevista de tu maestro en la que comentaba que era mejor no hablar de la muerte por la noche. ¿Por qué?

No es que sea un tabú, ni mucho menos, pero lo dijo por el Yin y el Yang. La energía tiene dos partes: Yin y Yang.

La energía de la muerte es Yin y la de los vivos Yang. Por eso, cuando se termina la energía Yang, la persona muere.

La energía del día es Yang y la de la noche Yin. Se dice que si hablas de la muerte de noche se lleva la energía el Yin, lo que no es bueno para las personas vivas.

¿Cuántas personas hay en España que sigan el taoísmo?

Mi maestro tendría aquí como treinta discípulos, más o menos. Muchos más en el extranjero.

Aquí en España gente que practique Tai Chi o Chi Kung sí que hay mucha. Pero gente que se considere taoísta como tal, no muchos. No se conoce el taoísmo como religión. Paseando por la calle ves que hay muchas supuestas escuelas de Tao porque imparten clases de Tai Chi o Chi Kung, pero ya. Se quedan en la superficie, profundizando o investigando menos en la parte espiritual que estas prácticas aportan a nuestra vida.

¿Notaste un gran cambio en tu vida al dejar tu trabajo en la televisión y abrir tu centro? También me gustaría preguntarte por tu entorno, que a veces es lo más difícil. No siempre te entienden y te apoyan cuando haces cambios así en tu vida.

Imagínate, cuando me fui de la televisión mi familia pensaba que estaba loca porque ganaba medio millón de pesetas de aquel entonces y me despedí. Y eso que estaba en un programa de éxito de audiencia, pero era un mundo que ya no me llenaba, que había cumplido su misión en mi proceso de vida.

Claro que el dinero hace falta, todos deseamos abundancia en nuestras vidas, pero no merece la pena que tu trabajo te rebaje la energía. Quizá vale más vivir con algo menos, pero estar en paz con uno mismo.

Entrando en el tema de la muerte, ¿podrías relatarme tu experiencia con la muerte de un ser querido?

Mi padre tenía cáncer y no quiso ir al hospital. Le dieron cuatro meses de vida y llegó a vivir cuatro años y medio. Y eso que no se medicó. Pudo conocer a su primer nieto, que es lo que más deseaba. Hizo un proceso muy personal, muy consciente. Murió donde él quería, en su casa del pueblo y acompañado de sus seres queridos.

Recuerdo que había ido a verlo. Pasé con él unos días, y, cuando me tocaba regresar a Madrid, le dije a mi jefe: «me voy a quedar con mi padre». Y él, «pero Itziar, si ya lleva cuatro años mal, ¿cuánto tiempo piensas estar ausente del trabajo?».

«Bueno, yo siento que he de quedarme junto a él unos días más; le siento despidiéndose y, además, conociéndole, tal y como es, no querrá que nadie falte mucho al trabajo». Y, efectivamente, murió el viernes siguiente, para que el fin de semana lo enterrásemos y el lunes pudiésemos estar todos en nuestro puesto laboral.

Sentí muchas cosas con mi padre. Entre otras, que hay una partera al otro lado. El día antes de morir, mi padre me dijo: «¿qué hace mi madre ahí?». Y yo miraba y ahí donde señalaba no había nadie, pero él sí que la veía. Murió en paz y su expresión final era serena.

Es un momento mágico el de la muerte: se abren puertas especiales entre el Yin y el Yang. Y junto a mi padre sentí mucha luz.

¿Qué recomienda el taoísmo: incineración o entierro?

Entierro, aunque a mi maestro lo tuvimos que incinerar pues si no no le dejaban entrar en China; pero en el taoísmo, entierro.

Y se ha de buscar un buen Feng Shui para descansar, que no tiene nada que ver con lo que conocemos normalmente aquí por Feng Shui, cómo decorar tu casa para que circule la energía. A eso mi maestro lo llamaba Feng Shui del Yang, que es para las personas vivas. Cuando hay que enterrar a un ser querido, se llama Feng Shui del Yin, que consiste en buscar un buen sitio donde conservar el cuerpo de un fallecido.

¿Cómo vive el taoísta la muerte?

En China se celebra mucho la muerte. Es un pueblo que mima al antepasado, el recordar a los muertos. El taoísta lo ritualiza, aunque no tanto como otras religiones, lo ve más normal. Existe la vida porque existe la muerte. Es un ciclo. La vida no fue el principio y la muerte no va a ser el fin.

Hay una historia recogida de los clásicos, en este caso de la obra de Chuang Tzu:

«Cuando murió la mujer de Chuang Tzu, fueron a verle otros sabios y discípulos. Había estado unido a esa mujer más de cuarenta años y esperaban verlo desolado por la pena. Sin embargo, le vieron serenamente alegre cuidando de su jardín.

—¡Cómo! —le dijeron—, esperábamos verte consumido por la desdicha y en cambio te vemos arreglando tu jardín y silbando alegremente. ¿Acaso no amabas a tu esposa?

—Por supuesto que la amaba —les respondió—. Pero eso no es razón para estar triste. Ustedes verán —dijo después de un instante—: lo que predomina en el Universo es la fuerza, pura energía. Esta se convierte en forma, porque así ha de ser. Y la forma se hace vida y camina por el mundo. Para que la forma se haga vida es preciso nacer, pero como nada es eterno y nada es inmóvil, ese nacimiento se hará a su debido tiempo. Es como el paso de las estaciones. Van y vienen. Nunca están quietas. Mi amada cónyuge tuvo su primavera y ahora llegó a su invierno. Es otra fuerza, energía. ¿Acaso debo sentirme anonadado por ello? Si así lo hiciera solo demostraría mi ignorancia de las leyes naturales».

Me viene a la mente que Chuang Tse dijo: «cuando una persona nace se llora, y cuando muere hay que reír». En cambio, aquí en Occidente vivimos la muerte como un trauma...

Aquí la vida está muy sobrevalorada. La vida y lo que hacemos con ella.

Eso sí, hay que tener un gran amor a esta vida porque aquí tienes la posibilidad de hacer un trabajo que te mejora y te permite elegir tu destino después de la muerte.

A los taoístas les interesa más lo de aquí –qué hacer en esta vida– para prepararte para lo de después. Pero no se habla tanto de lo que hay después. En cambio, en el budismo sí que encuentras mucho más de lo que hay después de la muerte.

¿El taoísta cree en la reencarnación?

El taoísta cree en la reencarnación, por eso se trabajan tanto en vida unos ciertos ejercicios, una disciplina que va provocando una especie de alquimia interna, manteniendo la energía y preparándonos para el devenir después de la muerte.

Según el Tao, cuando uno muere puede emprender diversos caminos: convertirse en una entidad fantasmal, humana, inmortal o celestial.

Muchas prácticas que hace el taoísta en esta vida son para construirse un cuerpo para después de la muerte. Así que fantasma es quien no ha cumplido en esta vida y se encuentra sin cuerpo después.

Cuando te cultivas un poco puedes volver a renacer como humano. Si te cultivas un poco más puedes convertirte en inmortal pero atado a este mundo, y ya el siguiente nivel es llegar a ser celestial, aunque hay que ser un espíritu muy superior para llegar a ese grado.

La meta es unirse al Tao... Algo parecido a lo que los sufíes llaman *fanaa*.

¿Qué es el fanaa?

Es el término sufí para la extinción. Es matar el yo, pero sin dejar de estar físicamente vivo. Es la plena unión con Dios. Sería, para que nos entendamos, como el *nirvana*.

He escuchado que los grandes maestros taoístas conocen exactamente el momento en el que morirán llegado el momento, lo que hacen es sentarse y simplemente morir.

Aquí tendría que hablarte un poco de lo que en taoísmo se llama alquimia interior. Hay tres tesoros: el cuerpo Jing, el espíritu Shen y la energía, el Chi.

Con la práctica del taoísmo se pueden unir esos tres elementos y, eso que llamaríamos espíritu, sacarlo por la cabeza. Así puedes decidir la dirección que tomarás tras la muerte.

¿Y cómo podemos trabajarnos en esta vida?

Para mí, el mayor ejercicio que podemos realizar en esta vida está en la virtud.

Seguir una virtud, no una moral. El taoísta no es moral. Dicen que quien hizo la ley, hizo la trampa, ¿verdad? Yo te pongo un límite y con eso ya te doy la posibilidad de pecar.

Mira, imagina que sientes una célula de tu bazo. Qué pequeñísima es, ¿la ves? Se siente en tu bazo como tú en la Tierra. El taoísta, en su trabajo de alquimia se siente habitado por muchas entidades, incluidos dioses, y también por energías en constante cambio. Todo es cambio. Es importante saber cómo va el cambio para seguirlo, de manera que fluyas con el Tao, porque si lo intentas modificar te irás acercando a la muerte. Has de conseguir que el Tao se distorsione tan poco en ti que así la muerte pase por ti como la vida. De ahí la importancia de hacer valer la energía que nos llega.

Con la práctica del taoísmo puedes prolongar la vida para disfrutarla en buenas condiciones y así te preparas para una buena muerte.

¿Y cómo conseguir alargar nuestra vida de una forma óptima?

Chi Kung, comida sana, agua de verdad, cultivar el cuerpo. Y también trabajo interno: no criticar, no considerar al otro el enemigo, no meterse en la vida del otro, ver en ti las cosas que no te gustan; a conseguir todo eso ayuda la meditación.

«Orar es hablar a Dios, meditar es escuchar a Dios». ¿Qué justifica un poco esas «inspiraciones» que nos vienen de repente cuando paramos un poco en nuestra vida?

Por supuesto, y también aprendes a escucharte a ti mismo. Detrás de los pensamientos que crees que tienes, hay muchos que no crees que tienes.

Por eso, a veces los mantras ayudan a concentrarse cuando empiezas a practicar la meditación. Ayudan a parar el pensamiento automático y a escuchar más otros sonidos, los pensamientos de fondo, ayudan así a conocerse a uno mismo de verdad, con más realidad.

¿Qué ritos funerarios tiene el taoísmo?

Mira una historia:

«*Cuando el maestro estaba en el final de sus días, fueron sus discípulos a verle; ante la inevitabilidad de su muerte, querían arreglar los funerales y homenajes que, pensaban, él merecía.*

—No quiero nada —les dijo—. Cuando me vaya, déjenme sobre un altozano. Eso me bastará.

—Pero maestro —se escandalizaron—, si le dejamos sobre una piedra, al aire libre, el sol resecará su cuerpo, y los buitres y otras aves y alimañas tomarán su carne. ¿Qué quedará de usted?

—Y si me entierran será lo mismo. Me comerán los gusanos y la humedad disolverá mis huesos. ¿O acaso prefieren que coman de mí los bichos de la tierra y no los del cielo? ¿Son mejores unos que otros? Si pueden resolver eso, procedan como deseen, si no, déjenme sobre una piedra en un monte, al aire y la luz del sol y de la luna. —Y así lo hicieron».

¿Cómo crees que afrontarás tu propia muerte cuando llegue el momento?

Estoy casi todo el rato pensando, ¿y si es ahora cuando muero? Para mí la muerte está muy presente. La muerte nos ayuda a vivir en una dirección. Vivir es saber que vas a morir. Claro, la muerte da miedo, pero porque cambiar siempre da miedo. Incluso cambiar de casa da miedo.

Para mí es el siguiente paso más importante de mi vida... y puede ser en cualquier momento. Tener presente la muerte me hace sentir verdaderamente viva. En este instante, despierta, atenta; y ese es mi ruego: poder estar despierta y presente en el momento de morir, y después...

CRISTIANISMO/CATOLICISMO

ENTREVISTA AL PADRE ÁNGEL

Ya conocía al padre Ángel gracias a mi trabajo. Me parecía un hombre digno de admirar. Su labor como presidente de la ONG Mensajeros de la Paz es encomiable. Además, la iglesia a su cargo es rompedora. Entre sus numerosas particularidades me llama la atención que esté abierta las veinticuatro horas. Me recuerda a las palabras del papa Francisco, que criticó que las iglesias tuviesen horario.

La noche anterior a la entrevista había habido un atentado terrorista con más de ochenta muertos en Francia. Habíamos quedado a las nueve, pero me pide perdón pues se retrasará; siente la necesidad de orar por los fallecidos y solicita que todos los allí presentes nos unamos a él. Personas que pasaban por ahí, voluntarios que están repartiendo los desayunos y vagabundos con un café y un sándwich en la mano. Porque al final todos somos iguales. El padre Ángel, en un momento dado levanta la mirada con los dientes juntos. Tiene rabia y clama «¿por qué tanto dolor, señor?». El silencio que sigue confirma que es un sentir unánime.

Finalmente se acerca a mí y me pide que nos sentemos. En cuanto le recuerdo el motivo de la entrevista y escucha la palabra muerte, se arranca a hablar.

«En el cristianismo tenemos el prefacio, que es una de las partes más bonitas de la liturgia que dice: 'aunque la certeza de morir nos entristece, nos concede la promesa de la futura inmortalidad'».

Esta es la esencia del cristianismo de cara a la muerte.

Es cierto que las muertes son muy distintas; que sean de un niño, de un anciano, de un accidente, de un acto violento... No todas las muertes son iguales. Hay muertes que son dulces, como pueden ser las muertes de las personas mayores.

Pero la muerte siempre es dolor. El mismo Cristo, siendo Dios, cuando se enteró de que había muerto su amigo Lázaro se dice que lloró. Ante la muerte podemos llorar y estremecernos, sin duda.

En España es normal crecer en un contexto religioso, pero de ahí a hacerse cura hay una diferencia. ¿Cuál fue el momento en que decidió seguir una vida dedicada a la espiritualidad?

Fue siendo muy niño, conocía al cura de mi pueblo. Los niños suelen querer ser futbolistas, médicos o ingenieros. Y yo quería ser cura, porque veía al cura de mi pueblo que era para mí un héroe. Una persona que ayudaba a los que más lo necesitaban. Así que como el cura de mi pueblo quería ser yo.

Cuando le cuento a los amigos de qué va este libro y menciono la palabra «muerte» siempre hay como un segundo de «oh, qué mal rollo» o «qué intenso este tipo...».

Es algo natural, es algo a lo que todos le tenemos miedo de alguna forma.

Es decir, que se te muera un hijo, que se te muera un padre, que se te muera un amigo... Quizá a veces es más fácil asimilar que te mueras tú a que se te muera alguien de los tuyos. Que se le muere un hijo a un padre cuesta mucho.

Ya te digo, no es igual la muerte de un joven, de un mayor, que de un niño.

Hace poco murió una familiar mía y en el velatorio empecé a hablar con el hijo y su esposa. Eran un matrimonio joven con hijos, y al no ver a los hijos pregunté por ellos y me respondieron que estaban en casa de unos familiares y que no pensaban decirles que la abuela había muerto... que, si preguntaban por ella, les dirían que estaba de viaje en el pueblo... No pensaban comunicarles la muerte de la abuela hasta pasados unos años. Los niños tenían unos ocho años. Padre Ángel, ¿cómo podemos incorporar el tema la muerte en la educación de los niños?

Creo que hay que decirles la verdad, pero también hay que saber decírsela.

No hay que decir, por ejemplo, que a uno lo han matado a tiros. Hay que decir: «pues iba por la calle y se encontró con que alguien le disparó». Hombre, si es que lo mataron, quizá uno pueda suavizarlo: «murió porque quedó herido».

No hay que ensañarse en presentar la muerte, sobre todo a un niño de cuatro o cinco años, pero tampoco mentirle. No decir «no llores, que se fue al Cielo», no. «No llores que se fue de viaje» tampoco. Hay que decir, «mira, los hombres nacemos, morimos y murió porque era muy mayor o porque...».

A mí me han tocado muchos casos de anunciar la muerte y es muy doloroso; es mejor decirlo en seco que andarse con rodeos. «Tu padre ha fallecido». Y no empezar con «tú sabes que tu padre estaba muy malito». Esas noticias deben ser rotundas.

Todos tenemos una primera experiencia con la muerte. Ese ser querido que fallece y dices, «pues la gente muere, es verdad, ya no le volveré a ver». ¿Cuál fue su primer contacto con la muerte?

Hay niños que tienen esa experiencia de forma muy prematura. Yo la tuve con siete años.

Uno de mis abuelos murió y me dijeron «Pasa a besarle». Eso no hay que decírselo nunca a un niño porque le puede quedar esa imagen para siempre. Cuando llegué, podrían haberme dicho que el abuelo había muerto, que se había ido, pero no forzarme. «Pasa y despídete de él», como si fuese una persona mayor... Mi abuelo fue el primer muerto que vi y que besé. Y, por desgracia, se me quedó esa imagen angustiosa de él.

Hay que intentar recordar a la gente en los mejores momentos. Cuando estaba viva y era guapa.

Sin duda, la fe conforta mucho ante la muerte...

Absolutamente. La religión ayuda a creer que hay un Más Allá y que la gente que ha sido buena va al Cielo. Los que estamos convencidos de esto tenemos ventaja.

¿Qué opina del debate que existe sobre si alargar la vida o no a una persona que se encuentra en estado vegetativo?

Yo no soy un teólogo técnico, pero cada uno...

Es muy fácil impartir doctrina, pero después, cuando le toca a tu madre, que está agonizando y ya no hay remedio... y te preguntan si se le pueden ir dando dosis de morfina poco a poco... Cada uno tiene su propia experiencia. Es decir, ¿para qué quiero que mi madre sufra? Pero sé que hay una doctrina de la Iglesia... Aunque te confieso que a mí lo que me va es más el sentido común. Es decir, quien puede decidir esto es el médico.

Los médicos tienen una ética, unos valores, y si el médico te dice que no merece la pena que siga tanto tiempo enchufada o que sí... Ellos son los que te pueden dar la pauta. ¿Quién soy yo para decirte si a tu familiar lo tienes que desenchufar o dejar que siga viviendo conectado?

Lo que pasa es que una cosa es predicar y otra cuando le toca a tu madre o a un hijo tuyo. Aunque tampoco somos dueños de la vida de los hijos o de los padres.

Orar por los difuntos, dedicar una misa por el alma del ser querido que se marchó... ¿qué utilidad tiene?

Es un rito cristiano. Sabemos que eso reconforta a los que están aquí, a los que se quedan. Es decir, igual que decimos de rezar por los muertos, también hay que rezar por los vivos. Poca gente hay que rece por los vivos.

Pero incluso cuando es el cumpleaños de alguien y no puedes estar con él, dices «voy a celebrarlo desde aquí». Por ejemplo, si mi hijo está en México y es su cumpleaños, pues yo voy y lo celebro aquí.

Hay que ver esa parte concreta, afectiva, humana de la gente. Yo, si tú sacas un sobresaliente, me alegro, pero si suspendes, me entristezco. Y no sé el motivo, ¿no?

¿Qué pasa cuando morimos?

Parece que hay un juicio. Según la fe católica, los que han sido buenos tendrán su premio. Al papa Francisco le han preguntado también sobre eso. Seguro que hay un Más Allá, que hay un Cielo. No como nos lo han dibujado algunos, pero sí que existe un Cielo. Y que hay un castigo, un infierno, también. Esa es la doctrina de la Iglesia.

Pero si me preguntas si hay una sala, un fiscal que juzga... imagino que no.

Me imagino que es todo mucho más sencillo. Pero eso te lo tienen que contestar los teólogos. Yo me preocupo más por la vida de acá. Respecto a la vida de allá, sé que los que hayan sido buenas personas seguro que estarán en el Cielo, eso sí.

Allá en el otro mundo, la Iglesia nos dice que la vida es eterna y yo creo en ello. Aunque fíjate que yo no sé qué valor podría tener el vivir eternamente.

¿Cómo justifica el cristianismo la existencia del espíritu?

Eso es fe. Científicamente no se puede explicar, hay que tener fe.

¿Cómo afronta el cristianismo la creencia de que se puede contactar con los espíritus?

Yo sí creo en esas cosas...

¿Cómo cree que afrontará su propia muerte?

De forma muy distinta. Porque yo ya tuve una enfermedad, que era un cáncer de colon, y entonces veía que me moría y ya pasé por ese trance.

Cuando uno es ya mayor, cree que ya ha cumplido con muchas de las cosas con las que soñaba. Cuando tienes setenta, ochenta o noventa años vas viendo la muerte como un descanso casi. Como un salir. Siempre y cuando sea una muerte dulce o normal.

La agenda del padre Ángel es apretada, y pese a estar en una agradable conversación, su móvil suena por centésima vez, toca poner fin a la entrevista. Le doy las gracias y él me recomienda que hable con alguien del arzobispado. «Alguien que te pueda dar respuestas más de la Iglesia», me dice, y se despide con una sonrisa.

CRISTIANISMO/CATOLICISMO
ENTREVISTA A JOSÉ LUIS SÁENZ-DÍEZ

Siguiendo el consejo del padre Ángel me acerco al arzobispado de Madrid, donde me concede una entrevista José Luis. Es un sacerdote dedicado a las exequias de la Iglesia, y pienso que no hay nadie mejor que él para responder a todas las cuestiones que me quedan respecto a la religión católica.

Pasamos a un despacho y me pregunta el motivo por el que estoy haciendo el libro; tras escucharme entra de lleno en el tema de la muerte.

«Lo que rodea a la muerte, y lo que hay más allá de la muerte, es un gran misterio.

»Es un gran misterio que no podemos afrontar con lo que cada uno de nosotros pueda pensar. Porque, al fin y al cabo, lo que cada uno puede pensar o desear es la proyección personal de alguien que todavía ha de afrontar la muerte. Y eso es peligroso porque la imaginación que el deseo provoca se convierte en un relato que no tiene fin, ni tiene una estructura que avale ese futuro que hay más allá de la muerte.

»Es muy importante, para afrontar la muerte, el realismo, que es abrirse a la revelación de Dios. Del Dios vivo y verdadero, que nos ha dado a Jesucristo como la salvación de la vida y de la muerte.

»En la fe católica, Jesucristo es el centro de cualquier relato más allá de la muerte. Y eso es muy importante, porque si no damos bandazos y caemos en suposiciones sin un criterio realista.

»Una de las cosas que la fe católica asume es el realismo de la vida: el valor de la vida que se ve rota por la muerte. Y ese realismo hay que mantenerlo. Porque si no, parece que si creemos en Dios todo va a ser estupendo, y que la muerte no es más que un «tránsito». No, la muerte es terrible. La muerte lo rompe todo y no tiene marcha atrás.

»Cuando mueres solo tienes el futuro que Dios te da, por Jesucristo que asumió la muerte. ¿Para qué? Aquí está la gran esperanza. Para manifestar, al tercer día, la victoria de Dios sobre la muerte, que es la resurrección de Jesucristo.

»Ahí se encuentra la iluminación de la vida y de la muerte. Pero en la resurrección de Cristo no podemos imaginar lo que significa el don de la vida eterna, sino imaginar que se abre un mundo definitivo, el comienzo de una vida.

»Y esa vida que se nos va a dar no es una prolongación de nuestros méritos aquí. No es eso de 'como tú eres buena persona, tienes derecho a la vida nueva'. Lo que nosotros hacemos es simplemente ponernos ante Dios, que es quien nos va a juzgar.

La religión católica, ¿qué confort ofrece a sus seguidores ante la muerte?

La religión católica ofrece consuelo, no confort.

Porque el confort está relacionado con todo lo que facilita una vida. Y el consuelo de la religión no es una facilitación de esta vida, sino el don de la esperanza. Pues, aunque estés en una situación muy desgraciada, tienes la esperanza que viene de Dios.

Eso es el consuelo, porque no tienes confort.

Dios no te va a dar el confort de la salud, por ejemplo. Te lo dará el médico. O el confort de los bienes de esta Tierra, porque eso se realizará de una manera o de otra.

¿Cómo podemos hacer que la muerte deje de ser un tabú? Hay un dicho: «la muerte es la ley de la vida».

Hay un camino muy cristiano que es la relación de la muerte con el pecado. Y eso es desde el comienzo de la Creación, donde nosotros hacemos referencia al Paraíso, que hemos perdido por culpa del pecado.

«Como todos mueren por Adán, todos recobrarán la vida por Cristo»...

Claro. Es que el Paraíso lo llevamos en el corazón. Y por eso el deseo de felicidad es la búsqueda de ese Paraíso perdido.

Pero todo Paraíso pequeño acaba.

La salud puede acabar, por ejemplo. ¿Y cómo se afronta así la vida, cuando los pequeños paraísos se acaban? Pues ahí está Jesucristo con toda su sabiduría y su mensaje de vida eterna.

Pero al mismo tiempo está el pecado. El pecado es participación de la muerte. ¿En qué sentido?

Todo pecado hace morir algo positivo. Cuando dices, «lo importante es ser buena persona». Pero es que todas las personas caen en el pecado. Mañana, de esta manera o de la otra, ahora en cuanto acabemos de hablar... Yo puedo decir que soy buena persona porque siempre digo la verdad, pero descubro que a ti te he mentido. ¿Y cómo nos liberamos de la mentira? ¿Y cómo nos restablecemos? Ahí están la muerte y la salvación. La muerte necesita una salvación y hay que descubrir que nosotros necesitamos afrontar la muerte porque la estamos viviendo ya en el pecado.

Es verdad que es difícil definir lo que significa ser una buena persona. Pero sí que deberíamos intentar ser nuestra mejor versión.

Sí, pero está el pecado.

Por ejemplo, una comida familiar. ¿Quién ha preparado la comida? Esa comida, tal y como la estamos disfrutando, se destruye. Pero gracias a esa persona que la preparó vivimos lo positivo. Pues eso ya es un signo de vida eterna. Porque esa persona lo hace por amor. Lo hace de manera desinteresada, y eso vence a la muerte. La gente que solo busca su propio interés está matando lo mejor de la vida.

Lo mejor de la persona es la entrega. Y solamente a través del servicio del amor se van redimiendo nuestros pecados.

Pero no tenemos que decir «yo he hecho esto. Tú, Dios, me tienes que dar».

Y según la fe católica, si muero en este preciso instante, ¿cómo es el proceso?

Hay una expresión de San Pablo, preciosa, que yo utilizo cuando rezo por los difuntos: «Dios, por medio de Jesucristo, llevará con él a los que han muerto».

Ciertamente, el juicio de Jesucristo se realizará nada más morir. Aunque eso no lo dice en ningún sitio, se supone que habrá uno en cuanto muramos.

¿Pero de qué juicio sí hablan las Escrituras? Del juicio del último día de la humanidad.

...que coincidiría con la segunda venida de Cristo. Lo que la religión católica llama «la resurrección de los muertos».

Aparece en el Evangelio de una forma muy clara que el Señor va a venir. «Estad vigilantes, porque a la hora que menos penséis, viene el hijo del hombre».

Es algo fundamental para la fe católica. Está presente en los Evangelios y en el Nuevo Testamento. Porque el señor tiene que venir para entregar todo esto al Padre, y para poner a sus enemigos a sus pies; y el último enemigo de Dios es la muerte.

Qué maravilla. Mientras haya muerte, todavía tenemos que esperar la venida del Señor, porque el último enemigo de Dios es la muerte.

Y entonces, la segunda venida del Señor es la victoria definitiva de Dios sobre todo pecado. La esperanza, basada, no en tu gusto o en el mío, sino en la palabra de Dios que acoge nuestra realidad.

Lo provocativo de la fe católica es que es realista, pues asume la realidad.

Ahora viene una pregunta obligada: ¿qué pasa con nuestro cuerpo en esa resurrección prometida con la segunda venida de Jesucristo? Si se supone que llevará años descomponiéndose...

Nuestro cuerpo es nuestra manera de relacionarnos con el mundo, con las personas. El alma dirige nuestra mente, nuestras decisiones, y eso se realiza a través del cuerpo. ¿Y cómo podemos pensar en la resurrección de la vida sin la resurrección del cuerpo?

Es un realismo misterioso. Porque nuestro cuerpo está conducido por el paso del tiempo; no es el mismo a los catorce años que a los setenta, aunque tú eres el mismo.

¿Quién da esa mismidad del cuerpo? El espíritu; tu Yo guiado por el alma. Porque tu pensamiento te dice que tú eres el mismo que cuando tenías catorce años, aunque distinto.

Entonces, ¿cómo podemos pensar en la resurrección del cuerpo? Pues no podemos pensar en ella, porque nuestro pensamiento se basa en el análisis de este cuerpo que envejece. Pero más allá de la muerte, ¿de qué cuerpo podemos hablar? San Pablo tiene una reflexión en la que habla de que la resurrección del cuerpo es la imagen del cuerpo glorioso de Cristo.

Y es una maravilla percibir la teología que hay en esto. Jesucristo no es solo un hombre que viene a liberarnos del pecado, sino que en la humanidad de Cristo está toda la Creación. Toda la vida humana. Y en la vida humana está el cuerpo, y si en Jesucristo no hubiera salvación del cuerpo, Dios habría fracasado. Porque nos había dado un cuerpo que se destruye y lo único que quedaría sería el espíritu. Y Cristo viene a recuperar toda la Creación.

Tenemos, además, otro punto misterioso que es la narración de las apariciones de Cristo resucitado con su cuerpo, no como un fantasma. Incluso invita a que le toquen el cuerpo. En su cuerpo glorioso no renuncia a las llagas, que son una de las humillaciones de su cuerpo. Las llagas se han hecho en la cruz y él no reniega de ellas, sino que las transforma en el cuerpo del futuro.

Muchas veces la gente dice: «¿dónde debe estar mi abuelo? Seguro que está cazando, porque lo que más le gustaba era cazar y estará ahí con la abuela...». Pero no pertenece a la fe católica asegurar que tú vas a estar en el Más Allá como si fuera el más acá.

Lo que sí que dice san Pablo es: «y así estaremos con el Señor». Lo que significa que tú y yo estaremos con las personas que hemos querido.

¿Cuál es el estado del alma después de nuestra muerte, a la espera de la resurrección el día del Juicio Final?

No te puedo decir. Está en Dios... Pero está en Dios la persona, no la entelequia del alma. Porque, ¿qué es el alma? ¿y qué es el espíritu? Porque cada vez me gusta hablar más sobre el espíritu, pero a través del cuerpo.

¿Cuál es la diferencia entre espíritu y alma?

San Pablo, en un momento, habla de los tres: alma, cuerpo y espíritu.

Yo creo que es fácil pasar de uno a otro. Porque, ¿dónde termina el cuerpo y empieza el espíritu? ¿Dónde acaba el espíritu y empieza el alma? Cuando yo digo, «te quiero» ¿qué me ha impulsado? El espíritu. Porque el espíritu es el que sustenta el Yo y sustenta la libertad de ese «te quiero».

«Ah, es que me dices que me quieres, pero después no lo demuestras». Claro, porque los hechos son con el cuerpo. Pero ese cuerpo del «te quiero» está sustentado en un «me conviene o no me conviene», y eso tiene un fundamento que es el alma.

El alma te dice si te conviene o no mediante la consciencia. Y la consciencia mueve el espíritu.

Tu cuerpo, ante el tabaco, por ejemplo, te dice, «esto no te conviene», y tu consciencia dice, «es verdad», o puede decir, «me da lo mismo, fumo igualmente». ¿Quién decide? El espíritu, que mueve el cuerpo y está basado en lo que te ha dicho el médico; eso pertenece al alma. Porque es un principio que rige tu libertad para decirle sí o no al médico.

Esto a mí me ayuda mucho para fomentar sobre todo el espíritu. Porque el espíritu es el que va conduciendo la libertad, los principios del alma y el cuerpo al servicio de tu persona.

¿Y cuál es el fundamento de la persona? El espíritu. Desde donde yo me puedo dirigir a ti. La comunicación que se realiza a través del cuerpo, pero en el espíritu. Porque yo puedo atender a una petición de ayuda que me haces o puedo pasar de ti. Pero el alma me dice, «oye, atiéndelo porque necesita de ti».

¿Cómo podemos fomentar el espíritu?

De múltiples maneras. Todo lo que yo creo que es bueno mueve el espíritu. Todo lo que sospecho que es malo mueve al espíritu para combatirlo. La comunicación interpersonal se realiza a través del espíritu y, en este sentido, el espíritu se mueve y crece a medida que yo acojo lo que tú me das o me dices.

Todo lo que la inteligencia realiza, el conocimiento del mundo y de las personas, está movido por el espíritu. El amor desinteresado y entregado entre los hombres y las mujeres está movido por el espíritu. La belleza que captamos en todas las manifestaciones del mundo, desde la música hasta el sol, es del espíritu. Pero claro, el espíritu es muy humilde. Muy frágil. Porque nuestro interior está movido por muchas fuerzas y el espíritu unifica a la persona en medio de la pluralidad de las cosas.

Yo eso lo voy viendo en la vida que llevamos, donde hay una gran cantidad de posibilidades que nos llevan de un sitio a otro, y el espíritu es quien indica nuestra atención y dedicación. Podríamos decir que unifica lo que la vida humana diversifica.

El espíritu es quien dirige la atención.

Por ejemplo, estoy hablando contigo y podría estar pensando en veinte cosas. Sin embargo, te estoy atendiendo a ti. ¿Y a través de qué? De la mente concentrada a través del espíritu. El espíritu es quien te concentra en lo que tienes que hacer o debes hacer. Para que así tú seas un ser espiritual al servicio del auténtico trabajo de desarrollo personal.

¿Y cómo escuchamos a nuestro espíritu?

Con silencio.

Pero hay tantas distracciones en nuestra sociedad de hoy en día...

Exacto. El fútbol, por ejemplo, ¿a qué te lleva? ¿A preocuparte por cosas que no influyen en tu vida o a una distracción pasajera que te libera de otras distracciones?

Ahí entra en juego el discernimiento del espíritu. Porque alguien puede decir, «el fútbol me lleva a quitar tensiones en mi casa». Cuidado, ¿por qué tienes tensiones en casa? El fútbol no te las arregla. Eso lo harían la comunicación, la convivencia... Lo que no puedes hacer es estar siempre de un sitio para el otro, apartado de ti mismo.

El espíritu requiere interioridad.

Veo a muchas personas que a la mínima señal de introspección recurren a mirar el móvil, a la televisión continuamente encendida... Percibo un miedo sistematizado en nuestra sociedad a quedarnos solos con nosotros mismos.

Es que si tú no has ejercitado tu espíritu huirás de ti mismo porque verás un vacío, una soledad... Por eso es tan importante trabajar el interior. Y para trabajar el interior necesitamos silencio.

Yo me pregunto a mí mismo, ¿cuánto dura un partido de fútbol? ¿No podría dedicar ese tiempo a algo beneficioso para el espíritu, o para mi mujer o mis hijos?

Exacto, dedicamos dos horas a un partido de fútbol. Pero después, dedicar media hora para prepararle el tupper a nuestra pareja nos quema.

Porque ahí planteas una cuestión que hay que tener en cuenta. Y es que todo lo que merece la pena, da trabajo.

Un partido de fútbol, como evasión puede estar bien, pero no da ningún trabajo. Sin embargo, levantarte un poco antes para cocinar para toda tu familia, sí. Escuchar con atención a tus hijos para ayudarles, también...

El espíritu requiere el trabajo de renunciar a cosas inútiles.

¿Por qué dejarse llevar por lo que a uno le da la gana? Bueno, eso puede que esté bien, pero, ¿y a qué te conduce? En cambio, lo que merece la pena lleva un trabajo. ¿Y por qué hacerlo entonces? No por masoquismo, sino para un mayor gozo: la alegría del espíritu, no de la carne.

Estamos tratando de alguna manera un tema tan de moda como es la búsqueda de la armonía interior.

Lo que pasa es que ese lenguaje me emociona poco. Porque parece una cocina espiritual... El espíritu va creciendo cuando sales de ti mismo. Me explico. Hace un tiempo, empecé a hacer alguna práctica de yoga. Pero me di cuenta de que eso era quedarse encerrado en uno mismo.

¿En qué sentido?

Que en ese tipo de filosofías te dicen que lo importante es la serenidad interior... el no desear... la pasividad... Eso está muy bien, pero es solo el comienzo. Porque de acuerdo, yo me quedo impasible, pero, ¿y para qué? ¿Para estar a gusto conmigo mismo o para poder hablar contigo, tratar contigo o amarte a ti? Pero ahí ya sales de ti mismo. Con el peligro de que, al salir, tú me puedes provocar una reacción que no controlo. ¿Y entonces? Te dicen que vuelvas a tu centro interior... Y a mí me parece que eso es un espíritu que va empobreciéndose.

El camino del evangelio es la entrega.

Y con esa entrega se rompe «esa cosa de cristal» de los que se ocupan de sí mismos con una paz espiritual egoísta. Y entonces, el espíritu, como es tan interior y puede ser muy rico, se convierte en un mundo cerrado. Y el espíritu nunca puede ser cerrado. El espíritu rompe barreras, aun a riesgo de encontrar inestabilidad, trabajo, preocupación... Pero el espíritu está para eso: para que la preocupación se transforme en algo positivo y no en una obsesión interior.

Y volviendo un poco a temas materiales y del más acá, ¿qué ritos fúnebres se siguen cuando muere un católico?

Hay una cuestión para esto y es que en las Sagradas Escrituras no hay un ritual para afrontar la muerte de alguien. Y eso inquieta, porque entonces, ¿cuál es el fundamento de la actividad que yo realizo? Creo que la Iglesia fue recogiendo realidades del mundo occidental medio y las fue transformando conforme a la fe católica.

No es cuestión ahora de entrar en Historia. Tampoco sería interesante que te dijese que si en el siglo XII pasó esto o lo otro...

El ritual católico tiene tres momentos:

Empieza propiamente en la casa, aunque actualmente es en el tanatorio. Y ahí hay un tiempo prudencial de oración. Hasta que llega el momento de tener que sacar el cadáver y entonces hay una oración para pedir a Dios que acoja al difunto.

De ahí se le traslada a la iglesia, donde se hace una acogida y se celebra la eucaristía, a la que se le llama la misa del *corpore insepulto*, que quiere decir cuerpo sin sepultar. Esa ceremonia es el momento central del ritual católico. Hay una oración preciosa que dice que, ya que ha participado en la muerte de Cristo, que participe también de la gloria de la resurrección. Ahí también se recuerda el bautismo, ya que llega el momento de la aspersión del agua. Se enciende el cirio pascual, que es Jesucristo resucitado, y terminada la celebración de la eucaristía se hace una segunda procesión hacia el cementerio para dar el último adiós.

Allí se hacen algunas oraciones y se vive lo más propio, que es despedirte de tu ser querido. Poner en Dios su vida y enterrarlo a la espera de la resurrección del último día. El cementerio se convierte así en un lugar de descanso, de sueño. Hasta que se despierte el día de la resurrección.

Pero después, normalmente en cada aniversario, se dedica una misa por el difunto. ¿Cuál es su importancia?

Es una manera muy real y bonita de evangelizar el duelo. Tiene una función pedagógica, nada más.

Y después tiene otra función muy bonita también. Dios ha puesto en nosotros la capacidad de dulcificación de la muerte, que es la memoria. Por ejemplo, en la misa del primer aniversario; hace un año que ha fallecido tu ser querido y en la eucaristía recuerdas a tu madre, o a tu padre, o a quien sea con serenidad, sin dolor.

Es una manera de expresar la dulcificación del paso del tiempo.

¿Y las personas que deciden ser incineradas?

Primero te quiero decir que he decidido que no me voy a incinerar porque quemar el cuerpo es algo violento. Y no quiero violencia para mi cuerpo; bastante tengo con la violencia de los ruidos, de la medicina... no quiero una violencia gratuita.

Pero ello no va en contra de la resurrección del cuerpo.

La Iglesia acepta la incineración como un mal menor. Bueno, eso lo digo yo. Es según cómo tú la plantees: puedes decir: «me incinero porque ya ha terminado todo aquí». Esa no es una incineración que acepte la Iglesia. Porque el cuerpo es el lugar del espíritu y el alma, y ese desprecio hacia él no se puede tolerar.

Otra cosa es que la gente se incinere porque es más cómodo... Pero eso ya son cuestiones funcionales.

Entonces, pese a la incineración, me quedo a la espera de la resurrección del cuerpo.

¿Cómo afrontar la propia muerte?

Eso me lo tengo que plantear también. Pero lo que es importante es percibir que el comienzo de la vida y el final de la vida son gratuitos. Está en manos de Dios.

¿Tú por qué has nacido? Tus padres unieron sus cuerpos y se dio la posibilidad, pero hay una gratuidad muy grande en eso. Porque seguro que tus padres unieron sus cuerpos muchas veces antes y no salió un hijo de todas ellas.

Y la muerte, ¿podemos elegir la muerte?

Otra cosa es que, cuando ya no hay más remedio, el médico no te haga sufrir para morir. Pero creo que es bueno darse cuenta de que se va a morir cuando llegue el momento.

Te cuento algo: una monja, que ya iba a morir, pidió que no la sedasen. Quería morir como Cristo, con dolor. Y su caso se trató en el equipo de médicos, si era posible acceder al deseo de la monja o no. Y finalmente accedieron a dejarla morir sin quitarle el dolor. Porque ella quería morir con dolor por participar en el sufrimiento de Cristo, que significó la salvación del mundo y que murió sin sedación y abandonado en la cruz.

Eso me motiva mucho. ¿Por qué los del Senegal tienen que morir destrozados, machacados... y yo tranquilamente aquí?

Un cristiano puede decir, «yo soy capaz, por el dolor de los del Senegal y para que no se sientan abandonados, como una ofrenda por el sacrificio de Cristo, de morir sin sedación».

BUDISMO

ENTREVISTA AL LAMA THUBTEN WANGCHEN

Imagina la siguiente escena en el pueblo navarro de Estella: el desayuno de unas jornadas que llevaban celebrándose un par de días. Me acerco a la mesa con mi bandeja para coger el desayuno. Delante de mí, en la fila, hay un lama y pienso, ¿qué desayuna un lama? Para mi sorpresa pregunta si hay leche de vaca –es un evento donde las comidas son vegetarianas– y le dicen que sí, que leche de vaca y mantequilla también. Y sin saber cómo, terminamos en una mesa el lama y yo, untando mantequilla en nuestras respectivas tostadas y hablando de la situación del Tíbet. Así fue como conocí a Thubten Wangchen, discípulo del Dalai Lama desde los dieciséis años.

Ahora, un par de meses después, viajo hasta Barcelona en pleno mes de agosto y entro en la Casa del Tíbet, donde él es director desde su fundación en 1994. Me piden que espere unos minutos. Por suerte tienen una *gompa* abierta para el público donde reina el silencio.

Pero no tengo tiempo. Llega Thubten Wangchen y recuerdo lo que tanto me gustó de él, su sonrisa. Siempre sonríe, incluso cuando está relatando el tormento de sus hermanos en el Tíbet.

Nos retiramos a conversar. Después incluso nos haremos un *selfie* juntos.

Al decirle a la gente que iba a encontrarme con usted para hablar sobre el budismo, varias personas me han dicho que el budismo no es una religión sino una filosofía espiritual. Otros me han asegurado que es una religión. Y bien, ¿qué es el budismo, una religión o una filosofía espiritual?

El budismo es más que una religión, es una filosofía de vida cotidiana. Una filosofía de cómo actuar bien, cómo pensar bien y cómo hablar bien, tanto en palabra como en mente, que supone algo bueno para ti y para los demás.

Por tanto, consideramos el budismo más filosofía que religión.

Buda fue un príncipe, el príncipe Siddhartha, que era hindú, y poco a poco, buscando más allá, descubrió la verdad: el origen del sufrimiento del mundo. Y también cómo superar todo tipo de conflictos, el dolor, el sufrimiento... Una manera de transformar tus emociones negativas, tus engaños mentales para conseguir paz mental. Y así ser más feliz porque sufres menos.

Así es como el príncipe Siddhartha llegó al estado de Buda y después enseñó 108 volúmenes de conocimiento. Es la esencia del budismo en sí. Para que nos entendamos, esos 108 volúmenes son para nosotros como la Biblia para los cristianos.

Y en verdad, da igual la Biblia o el Corán... El mensaje al final es muy parecido.

Dentro del budismo hay diferentes caminos: *Mahayana* y *Hinayana*.

Hinayana es más para uno mismo, para la gente que está día tras día solucionando sus problemas. Para principiantes, por así decirlo.

Mahayana quiere decir pensar no solo en ti sino en el sufrimiento de los demás. Ayudarles, porque los demás son más importantes que uno mismo. Esto es el camino *Mahayana*.

Y ahora hablando un poco de budismo. En Sri Lanka, Birmania, Tailandia... siguen más *Hinayana*. En Japón, en el Tíbet, en Mongolia... siguen *Mahayana*.

Y después, dentro del budismo tibetano hay diferentes escuelas o tradiciones, pero todas tienen la misma esencia al final. Igual que el catolicismo tiene benedictinos, carmelitas, jesuitas... que poseen la misma base y no hay contradicciones entre ellos. Pues lo mismo en el budismo.

Por cierto, el budismo no nació en el Tíbet. El budismo nació en la India hace 2.600 años con Buda y se extendió de la India hasta el Tíbet a final del siglo VII. Y pasaron siglos durante los cuales aún se traspasaba el conocimiento de Buda de la India hasta el Tíbet, hasta que ya en el siglo pasado, por fin, se pudo empezar a traducir por completo los escritos del sánscrito original al tibetano.

Ahora podría decirse que el completo conocimiento de Buda se encuentra en el Tíbet, pero eso no significa que estemos por encima de nadie, en absoluto.

Cuando hablo con españoles me gusta hacer siempre la misma comparación jocosa: igual que en El Corte Inglés puedes encontrar cualquier cosa que busques, en el Tíbet, cualquier camino espiritual que busques, según tu nivel o gusto, podrás encontrarlo. Si, por ejemplo, vas a Birmania, hay gente muy elevada pero quizá no encuentres todas las respuestas que necesitas. Por eso siempre hago la broma de que el budismo del Tíbet es como El Corte Inglés: allí lo puedes encontrar todo.

¿Cómo conociste el budismo y por qué dedicarle tu vida?

Era lo normal. Tú eres católico porque has nacido en un país mayoritariamente católico y seguramente tus padres sean católicos. Practicantes o no, pero aquí en España, a la gran mayoría de niños se les bautiza; o sea, que son católicos.

Pues en el Tíbet igual. Mis abuelos y mis padres eran budistas, así que he crecido en un ambiente budista y al hacerme mayor fui leyendo, visitando monasterios, hablando con lamas y todos ellos me fueron inspirando... Y cuando tenía dieciséis años decidí hacerme monje y dedicar mi tiempo al camino espiritual.

Hay gente que cuando escucha hablar de «vida espiritual» se imagina un monje, cuando no tiene por qué. ¿Cómo se puede vivir una espiritualidad cotidiana?

En realidad, para ser una persona espiritual no hace falta ser monje, tal y como comentas. Aquí en España existe el refrán «el hábito no hace al monje».

Para mí, una cosa es la religión y otra la espiritualidad.

La religión es importante, pero más importante es la espiritualidad. Una persona muy religiosa que siempre reza mucho pero que después va todo el día de mal humor, triste, engañando a los demás, por mucho que luego diga, «oh, Dios, *mea culpa*», eso no sirve de mucho. Hay gente que no reza nada, pero día a día trata bien a su familia, a sus vecinos y no hace daño a nadie, no engaña a nadie, cuida sus pensamientos y lleva una vida feliz. Eso es una vida espiritual.

El problema también está en la gente que no tiene ni espiritualidad ni religión, que son como el toro de España: animales.

¿Cuál fue su primera experiencia con la muerte?

En Occidente hablar sobre la muerte es un tabú, a la gente no le gusta. Cada día hay noticias: atentados, accidentes... La gente ya está cansada y solo ven la parte negativa: «el mundo es muy malo». Pero, por otro lado, el mundo también es maravilloso. Ahora el mundo moderno busca emoción, sensaciones, y entonces recurre a la sangre, a las matanzas... Pero también hay cosas buenas que no nos cuentan en las noticias. De eso no se habla.

La muerte no es un castigo, es la naturaleza de la vida. Quien nace, vive, y quien vive, tarde o temprano tendrá que morir. La muerte es segura desde el nacimiento.

La cuestión está en cómo vamos a morir, cuándo vamos a morir y dónde vamos a morir; eso es lo que no sabemos. Por lo tanto, hay que meditar sobre la muerte. Es muy sano. A veces es deprimente, es verdad, pero es sano pensar sobre nuestra propia muerte y la de los seres que nos rodean.

Aquí en la Casa del Tíbet de Barcelona a veces hacemos cursos sobre la muerte, porque va de la mano con la vida. Nada dura para siempre. También en los animales, aunque el ser humano es superior a los animales. ¿Por qué? Porque los humanos nos podemos comunicar interiormente con Dios. Los animales no pueden. Nosotros podemos luchar contra nuestras emociones negativas, pero los animales no.

Dios no decide las condiciones en las que vamos a morir, eso lo determina nuestro propio *karma*, las consecuencias de nuestras acciones.

Por lo tanto, tu muerte no es gracias a Dios, sino gracias a ti mismo. Tu éxito o sufrimiento dependerá de lo que hayas hecho en vidas pasadas. Gracias a esto hemos nacido como humanos. Donde hemos nacido también lo ha determinado nuestro *karma* y ahora lo importante es trabajar por un cuerpo y una mente sanos.

Igual que la famosa cita latina «mens sana in corpore sano».

Es que, aunque el cuerpo esté muy sano, si interiormente está lleno de emociones negativas, engaños mentales, celos, envidias, agresividad, nunca estarás contento, siempre querrás más de lo que tienes, siempre estarás compitiendo o siempre triste... Hay gente que tiene menos cosas pero interiormente está llena de luz. Acepta lo que tiene y lo disfruta.

¿Cómo enfrentar la muerte de un ser querido? ¿Cómo normalizar la muerte ante los niños?

Lo primero, engañar a los niños no es bueno. Ellos no lo van a entender, igual que al príncipe Siddhartha, a quien le pasó lo mismo:

Estaba en palacio con muchos lujos, pero fuera de su palacio había mucha pobreza y muerte. El príncipe Siddhartha quiso saber por qué la gente enfermaba, por qué la gente envejecía y nadie se lo explicaba. Pero él quería saber, así que se escapó del palacio y vio tanto sufrimiento que quiso buscar una solución, pero no había solución. Así que abandonó su vida de príncipe y se retiró a la montaña donde estuvo años y años meditando... ¿Por qué sufre la gente? ¿Por qué muere la gente?

Pues porque estamos en *Samsara*. Pero no lo sabemos, y la ignorancia es la raíz de todo nuestro sufrimiento. La ignorancia no nos deja ver las cosas tal y como son, oscurecen la realidad, y cuanto más oscuro está más confusión hay y eso lleva al error. Por eso hay celos a otros, envidia... apego hacia las cosas. Después, cuando llega la muerte es triste separarse de la familia, pero así es la naturaleza.

El alma no muere. La muerte sutil no desaparece y el alma reencarna en otra vida, otro cuerpo. Según tus acciones, quizá incluso mejor. ¿Entonces por qué tienes que estar triste?

Si miramos quince o veinte años atrás, estábamos seguramente más alegres, más sanos... Pero ahora, al mirarnos al espejo, debemos aceptarnos. Estamos haciéndonos mayores constantemente. Y este pasar del tiempo desembocará en la muerte.

La ciencia hoy en día está ayudando mucho a alargar la vida. Eso está bien, pero no conviene tanto.

Hay gente que está en el hospital respirando; ya no está viva, pero ahí la tienen con los tubos en la boca... Ese es otro sufrimiento: no dejar morir naturalmente.

Puede que alguien lo malinterprete como que no están a favor del progreso científico.

No, claro que no. Nosotros no estamos en contra de estas técnicas, pero solo se deberían utilizar cuando hay esperanza de que esa persona vuelva a vivir. Pero si ves que no hay opción, que es solo alargar por alargar, ¿por qué no dejas que el alma se despida ya de su cuerpo? El alma quiere vivir, pero el cuerpo no le deja. Entonces dejemos morir ese cuerpo para que el alma siga su viaje.

A la hora de la verdad, aunque una persona haya sido mala contigo, tenemos que ayudarla si está sufriendo en el momento de la muerte, mandándole una oración, por ejemplo, y que muera en paz. Que diga adiós a esta vida con calma mental y cada uno con su Dios. Esa es la forma de morir que menos angustia provoca, ¿verdad? Pero ahora en Occidente se ve la muerte como un fracaso; por eso despierta tanto dolor y angustia. La gente no quiere morir; está muriendo, pero no quiere.

Y es muy importante saber morir, ¿verdad?

Últimamente me invitan a hospitales para que acompañe a personas que están muriendo, y veo preocupaciones del estilo «mi familia, todas las cosas que he ido comprando, mi finca». Claro, la mente se está aferrando a lo material y esa es una forma muy mala de morir. Si la persona muere con mucho apego a sus cosas la forma de morir no será agradable y la futura reencarnación será complicada.

Por tanto, aunque una persona haya sido mala, si en el momento de la muerte ha disfrutado de unas condiciones agradables tiene posibilidades en la próxima vida de tener mejor situación. Pero si alguien ha sido muy buena persona, pero el momento de morir lo ha vivido con angustia y tristeza, su futura reencarnación será mala.

Cómo morimos es muy importante y de ahí que sea vital ayudar a toda persona que esté muriendo.

Tenemos que pensar también en el proceso de morir:

Ahora estamos viviendo porque los cinco elementos están funcionando: el aire mueve mi lengua y gracias a eso emito palabras; el fuego manteniendo el calor; el agua, la saliva; la tierra, los huesos, sangre. Todo está funcionando ahora mismo en ti y en mí. Por eso el cuerpo está vivo.

Pero cuando los cinco elementos dejan de funcionar en armonía, empieza el proceso de la muerte.

El primer proceso es el elemento tierra absorbiendo el agua.

Agua apagando el fuego.

Fuego a aire.

Aire al espacio, al vacío.

Y sabiendo esto, hay señales a las que podemos prestar atención cuando hacemos un acompañamiento a alguien que se está muriendo. Por explicar algo muy cortito:

Tierra a agua. La persona está en la cama y puede comer algo, hablar débilmente... Primer signo: esa persona (elemento tierra absorbiendo agua) en la cama va a empezar a decir, «por favor, levantadme un poco. Tengo la sensación de estar hundiéndome en el colchón». Es el primer proceso. Sensación interior de que te hundes.

Segundo: agua a fuego. En ese momento a la persona se le empieza a secar la boca, tiene sed... Le das agua, pero tampoco puede beber mucho porque ya el elemento agua está secándose por el elemento fuego.

Tercero: fuego a aire. Casos en los que esa persona tiene frío porque el calor del cuerpo está desapareciendo y pide una manta o que pongas más alta la calefacción. Pero no hay remedio: esa persona se está empezando a enfriar.

Cuarto: aire al espacio. En ese momento, la persona se va moviendo cada vez menos. Aunque quiera hablar contigo, ya no puede. Quiere tocar, pero tampoco puede. Aún respira, pero no está muerta. Está apagándose como persona, las respiraciones haciéndose cada vez más débiles. Así hasta el aliento final en el que saca todo el aire. Y ya ha muerto clínicamente. La mente funciona con el aire; entonces al final la mente queda bloqueada y muere.

Y a veces el alma se va rápidamente de ese cuerpo muerto en según qué personas, pero a veces se queda días, o incluso semanas, alrededor del cuerpo.

¿Cómo es el proceso de reencarnación? ¿Cómo funciona?

El alma sale del cuerpo en el momento de la muerte y busca su futura reencarnación. Eso todas las almas, seas de la religión que seas y creas o no en la reencarnación te va a tocar. Lástima que en el catolicismo, por ejemplo, no se hable de la reencarnación.

Pero no importa. La reencarnación existe para todos, creas en ella o no.

Incluso los animales cuando mueren. Los animales tienen alma. Los animales son seres vivos y cuando mueran nacerán, ya sea como otros animales o quizá renazcan como humanos. Hay animales mejores que los humanos, y humanos que son peores que animales; a estos quizá les toque bajar unos peldaños en la escalera...

En la reencarnación tú puedes subir o bajar. Progresar o ir hacia atrás. Si progresas, tu próxima encarnación será un poco mejor que en esta vida: mejor familia, mejor salud, más inteligencia, más dinero incluso, más belleza... Tendrás mejores condiciones para tener un futuro mejor.

Imagina que la reencarnación no existiese, que no tuviésemos que trabajarnos un buen futuro. Pues estaríamos disfrutando todo el día, dándonos igual las consecuencias de nuestros actos... Total, si no hay futuro... No es así: hay futuro. Y ese futuro no depende ni de Buda ni de Dios, solo de cada uno de nosotros, de nuestro presente. Si quieres un buen futuro, actúa bien ahora. Piensa bien ahora. Habla bien ahora. Palabra, cuerpo y mente has de cuidar, ser más positivo. No hacer mal a nadie. Es sencillo.

¿Qué pasa entre encarnación y encarnación? ¿Cuánto tiempo pasa?

Eso también varía, pero generalmente cuarenta y nueve días. Siete semanas, decimos, desde el momento de la muerte hasta empezar una nueva vida. Se llama estado intermedio, en tibetano, *bardo*.

Dentro de esos cuarenta y nueve días, o siete semanas más o menos, el alma busca su futuro. Dependiendo del *karma*, en ese tiempo busca su nueva encarnación. Como chico, como chica, como animal... Incluso quizá como Dios. Dios, no en el sentido de único creador de todo, sino como los ángeles para que nos entendamos.

Pero sigues estando en el *Samsara*, es decir, en la rueda de la reencarnación. Sigues sin haber llegado al *nirvana*.

En definitiva, lo importante y lo que todos buscamos como objetivo final es salir del *Samsara*.

Samsara es este mundo. Este mundo es sufrimiento: contaminación, engaño, conflictos... Salir de esto es llegar al estado de *nirvana*. Sería como el Paraíso católico, un lugar donde no hay sufrimiento. Este Paraíso existe, pero no es fácil acceder a él, claro. Morir ahora e ir allí es imposible. Aún nos quedan muchas encarnaciones para eso.

Pero bueno, tampoco uno se ha de preocupar mucho por eso. Al igual que tampoco nos ha de preocupar el llamado Infierno. Existe también, claro. En el budismo existe, pero solo kármicamente. Igual que tu deuda... Si alguien tiene una deuda con el banco la ha de ir pagando, aunque sea poco a poco, con unos pocos euros al mes. Y con los años has terminado de pagar esos millones que te dejó el banco. El *karma* funciona igual. Pero claro, no es lo mismo tener una deuda de mil euros que de un millón de euros.

Entonces, cuanto más *karma* malo acumulemos, más encarnaciones pasaremos sufriendo en el *Samsara* y más nos costará llegar al *nirvana*.

Nuestro *karma* no puede ser perdonado milagrosamente por Dios: Dios no puede salvar el mundo; los humanos somos los que podemos salvarlo.

¿Qué ritos fúnebres podemos encontrar en el budismo?

Los ritos fúnebres son muy importantes, independientemente de si eres budista o no. Da igual la religión que sigas. Cuando un ser querido muere es importante darle un buen adiós. Porque el alma, al no morir, tiene kármicamente un vínculo con sus seres familiares y a veces al rezar nosotros llega a ella ese sentimiento. Cualquier rezo, pensamiento positivo, mantra, llega al alma de ese ser querido que acaba de morir.

Como cuando llamas a otro número y esas ondas invisibles llegan al otro móvil. Sabiendo esto, es importante hacerle una ceremonia a la persona que murió. Si eres católico, dedicando una misa, por ejemplo. Eso ya según tu religión.

En el budismo, si alguien muere hoy tiene siete semanas o cuarenta y nueve días de velatorio simbólico y alguna ceremonia, algunos mantras... Eso le ayuda, es muy bueno, aunque la persona que se haya ido no fuera creyente.

¿Y pasados esos cuarenta y nueve días?

Normalmente después ya no hacemos nada porque sabemos que esa alma ya está en un nuevo cuerpo viviendo una nueva encarnación.

Ahora bien, un año después de la muerte sí tenemos una tradición, una ceremonia dedicada a esa persona fallecida, pero nada más. Si esa alma ha reencarnado ya, ¿para qué seguir haciéndole rituales? Hay muchas familias aquí en España que le siguen dedicando misas a un ser querido que lleva veinte años muerto.

En Occidente la costumbre es el ataúd, el tanatorio, el cementerio y el alto precio de los nichos... El alma no está en la caja, solo el cuerpo que pasado un tiempo será polvo. Después, cada año, el día de los difuntos se llevan flores, que justamente ese día suben de precio. No soy crítico, pero hay todo un negocio detrás de la muerte... Desde el punto de vista del budismo no tiene mucho sentido.

En el budismo lo mejor es la incineración. Porque mente y alma no pueden ser quemadas; solo quemamos el cuerpo, que es un cadáver. Es una tradición más limpia respecto al entierro. Tú metes un cadáver a quemar y al rato es ceniza. No ocupa el espacio que ocupa un ataúd.

En el budismo incluso intentamos desprendernos de nuestras cosas si vemos que nuestra muerte es inminente. Si veo que me quedan ya pocos días, ¿para qué quiero ese sofá? Puedes donar tus pertenencias a un monasterio en el que creas que puede ser de utilidad... A alguna familia que lo necesite... A alguien que lo pueda utilizar. Así mueres tranquilo. Es eso, no apegarse a nada. Incluso está bien dejar ya pactado con tus seres queridos, «haced esta ceremonia para mí, tal otra ceremonia...».

Mucha gente viene a pedirme consejo de qué hacer cuando muera. Yo siempre les digo: si tu familia es católica, déjales que te pongan en la caja y te lleven al cementerio. No hay problema. Pero si no, mejor la incineración. Es muy fácil, es lo más práctico. ¿Y después qué haces con las cenizas? Las divides en dos o tres partes: una parte la arrojas al mar, otra por ejemplo la llevas a Montserrat, que es un lugar muy especial, y la otra parte donde tú veas... Pero no te las quedes en casa. Nos está pasando mucho que la gente está poniendo en sus testamentos que traigan aquí a la Casa del Tíbet sus cenizas para que nosotros las tiremos al Himalaya.

¿Cómo crees que afrontarás tu propia muerte?

Aceptándola. Es la naturaleza. Pensar «ya me ha tocado. Me alegro de haber podido aprovechar todos estos años, pero ahora sí, ya me toca morir, qué bien».

Es la aceptación lo que puedes preparar. Si aceptas no tendrás frustración por irte y tendrás paz.

Y es lo que hemos hablado antes: es muy importante, de cara a cómo será tu próxima encarnación, cómo vives tu muerte en esta vida.

El propósito de la vida es vivir bien. No sufrir. ¿Por qué sufres? Por el *karma*; no es culpa ni de Dios ni del presidente de tu país. La reencarnación existe y vamos a reencarnarnos una y otra vez. Y lo importante es ir progresando, poco a poco, encarnación a encarnación.

Y al final, da igual cuál sea tu religión. Al final todas enseñan lo mismo: compasión, buen corazón, ser buena persona, amar a todos los seres y no hacer daño a nadie. Esa es la esencia de todo.

BRAHMA KUMARIS

ENTREVISTA A MARTA MATARÍN

E ra un congreso con diversas conferencias simultá-
neas en distintas salas. Cada asistente escogía a qué
conferencia asistir. Era verano. El calor no ayudaba
y mi estrés tampoco. Me tocaba cubrir el evento y, con ello,
el mayor número de salas posibles. Solo me faltaba multipli-
carme. Iba de aquí para allá preguntando dónde estaba la
sala que buscaba. No había manera. O me decían que estaba
en el pasillo de la planta baja a la derecha o en la segunda
planta al salir del ascensor a la izquierda. Los de la organización aún parecían más perdidos que yo. De repente, por
fin, encontré la sala deseada. Entré con ímpetu, no fuese que
hubiese empezado ya la conferencia y ahí estaba ella, Marta
Matarín, con su halo de paz. Esa sería la palabra escogida
si tuviese que definirla en una palabra: paz. Un ejemplo de
cómo integrar la meditación en la vida cotidiana.

En esta ocasión me recibe en la sede en Barcelona de
la asociación espiritual Brahma Kumaris. Es la primera vez
que voy y, como buena anfitriona, antes de sentarnos a conversar, me enseña el centro. También hay un pequeño local
en la librería, que es una sala de meditación para todo aquel
que se halle en la Ciudad Condal y desee parar un momento
a meditar. Entro y le confieso que ese silencio es un lujo en
una urbe como Barcelona.

La primera pregunta es obvia pero necesaria: ¿qué es Brahma Kumaris?

Es una organización internacional con sede en unos ciento veinte países, nueve mil centros en todo el mundo, aparte de la India.

El objetivo de los centros de Brahma Kumaris y de las actividades que proponemos es siempre enfocarnos en el desarrollo de la persona: conectar con la fortaleza, la paz, la serenidad... ¿Cómo?, mediante la práctica de la meditación podemos acceder a ese espacio interno de bienestar.

Brahma Kumaris empezó en Pakistán (actualmente territorio de la India). Estamos hablando de un movimiento relativamente nuevo porque se inició en el 1936 y con una persona muy buscadora, Brahma Baba. Él no quería que se le considerase un gurú, así que para nosotros nunca lo ha sido. Él pretendía que cada cual fuese líder de su propia vida y que las mujeres también liderasen su propia vida, ya que en otros tiempos se había considerado que solo el cuerpo masculino era apto para evolucionar espiritualmente y que si nacías mujer tenías que esperar a reencarnar.

Lo que sí me gustaría decir es que no nos consideramos hinduistas, porque siempre, por venir de la India, nos sitúan en el hinduismo. Obviamente, dentro del conocimiento que transmitimos hay aspectos que son más de Oriente que de Occidente, por supuesto, pero tenemos centros en muchos países occidentales y no tenemos devoción a divinidades hindúes, ni rituales en India. Dios para nosotros es una energía suprema a la que cualquier alma humana se puede dirigir. Pero bueno, ya estamos acostumbrados a que nos identifiquen con el hinduismo. De hecho, hay ocasiones en las que nos cuesta decir qué somos, pues tampoco nos consideramos religión como tal.

Si miramos el sentido de la palabra religión, viene de *religare*, volver a unir. Pues sí, nos encaja. Pero no como una serie de ritos o costumbres sino más bien como movimiento espiritual. Y a mí lo que me gusta ver aquí es ese sentido de volver a unir: cada tercer domingo de mes tenemos una meditación por la paz. Estamos en un lugar donde hay muchos colegios católicos y muchos vienen a meditar con nosotros. El que una monja o un cura venga aquí a meditar le da más sentido a lo que te decía; de eso se trata, de volver a unir.

¿Entonces hablaríamos de una espiritualidad Brahma Kumaris?

Cuando se produjo la división entre India y Pakistán, nuestra sede se trasladó a Rajastán, que es donde sigue estando nuestra casa madre, y el lugar está organizado como campus universitario. De hecho, en India está registrado como universidad espiritual.

Aquí en Occidente no encajaríamos como universidad, somos una asociación, pero en India sí.

Cuando se dice «soy una persona espiritual» se puede caer en el equívoco de imaginarse a alguien que no hace más que meditar en la montaña, que no trabaja, que no tiene familia, ni los problemas cotidianos por los que todos pasamos en nuestro día a día. Entonces, ¿qué significa ser espiritual?

Por una parte, es entender que no somos este cuerpo, sino que somos un alma. Alma, energía... Da igual el nombre que le quieras poner. Pero sí un ser espiritual, una chispa de luz que da vida a este cuerpo.

Entonces entendemos que cuando alguien muere, el alma, esa energía que daba vida a ese cuerpo, se ha ido. Ese cuerpo sigue teniendo corazón, cerebro... todos los órganos, pero de repente deja de funcionar. ¿Por qué? Porque la chispa divina se ha ido.

Si nos vamos identificando más con lo espiritual, es decir, en lo que no podemos ver pero que existe, poco a poco vamos teniendo menos apego por las posesiones materiales. Las cosas están para que las usemos y las disfrutemos, pero no poseemos nada. Ni siquiera nuestro cuerpo, porque en algún momento lo vamos a dejar. Estamos haciendo uso del cuerpo que habitamos. Cuando hablamos de ser espiritual estamos hablando de incorporar la espiritualidad en el día a día.

¿Pero cómo aplicarlo a nuestro día a día? ¿Cómo ser espiritual un lunes por la mañana, por ejemplo?

Nos pasa mucho en los retiros de fin de semana que organizamos que un grupo de personas está en una casa apartada haciendo yoga, meditando, comiendo vegetariano, dando paseos... Pero el domingo empiezas a escuchar, «bueno, ya mañana nos toca volver a la vida normal». Y yo ahí les digo: «pero bueno, ¿qué es la vida normal?». ¿Por qué decir que esto ha sido una especie de paréntesis en la vida y ahora me toca volver a la normalidad?, ¿por qué no hacer de esto la normalidad?, ¿por qué no intentar tener esa misma actitud que has alcanzado de armonía interna el lunes en el trabajo?

Es un reto, claro que sí, pero hay personas que lo hacen. Quizá empezando el día meditando... No dejando que te afecte el que alguien te mire o te trate mal en el trabajo, por ejemplo... Poco a poco ir incorporando lo que para ti es la vivencia espiritual.

También veo que la gente hoy en día, en general, no contempla el compromiso en su vida, ni la transformación personal. Ayer tuvimos una conferencia aquí donde justo lo comentaba. Hay gente que escucha una conferencia de vez en cuando... Pero les dices: «igual te iría mejor la meditación si no llevases una vida violenta». Y te contestan: «no, pero si yo no soy violento». «¿Comes carne? Tú no matas, pero pagas para que lo haga otro». Cada cual es libre de hacer lo que quiera con su vida, pero, ¿por qué resulta tan difícil la transformación personal? Porque uno se contenta con una práctica un poquito más superflua, pero sí hay elementos materiales estrechamente conectados con la espiritualidad. ¿Reciclas en casa? ¿Qué uso haces del agua? ¿Amas el planeta? Y el amor es una experiencia espiritual. Es una actitud del alma ante la vida. Por tanto, podemos ver la espiritualidad en todo lo que estamos haciendo. No solo en qué ingredientes utilizas, porque puedes utilizar ingredientes vegetarianos, pero si por ejemplo cocinas desde un estado de malestar personal, la comida que vayas a preparar tendrá esa vibración. Son muchos los aspectos a considerar.

¿Cómo justifica Brahma Kumaris la existencia del alma?

¿Dónde ubicarías los sentimientos? El corazón no es solo el órgano que bombea la sangre. Cuando hablamos del corazón estamos hablando de algo más profundo. Todo lo que son sentimientos, emociones, actitudes... ¿en qué parte del cuerpo los ubicamos?

Hay una estrecha relación entre el cuerpo y el alma, por supuesto. No podemos menospreciar el cuerpo; tenemos que cuidar el descanso, hacer ejercicio... También se habla del cuerpo como el templo del alma.

¿Has escuchado alguna vez que alguien diga «tengo un alma»? No, no tengo un alma. Yo soy un alma y tengo un cuerpo. Pero estamos en un momento en el que podemos ver cuánta identificación hay con el cuerpo... Hay personas que solo cultivan el cuerpo; el famoso culto al cuerpo... Es que ni se plantean que pueda haber algo más. Es importante cuidar el cuerpo, pero sin fanatismo.

Hay numerosas conferencias tuyas, o de compañeros tuyos, que tienen miles de visitas en Youtube. Hoy en día es fácil que alguien os conozca a través de Internet, pero hace unos años eso era impensable. ¿Cómo conociste Brahma Kumaris?

Mi caso fue bastante atípico respecto a lo que te podrían contar el resto de mis compañeros.

Mis padres eran practicantes de yoga —estoy hablando de hará treinta y un años—, y teníamos una suscripción a una revista donde se hablaba de diversos tipos de yoga... Y vimos un artículo sobre el Raja Yoga, que es el tipo de meditación que practicamos aquí en Brahma Kumaris, y nos pusimos en contacto con la asociación. Nosotros vivíamos en Terrassa y conocimos el que en ese momento era el único centro de Brahma Kumaris en España, que estaba en un apartamento pequeño cerca de Gran Vía en Barcelona.

Y bueno, nos pareció interesante en ese momento y tenía sentido pensar que éramos seres espirituales. Era pequeña, pero eso para mí ya tenía sentido. Tanto mi hermana como yo siempre habíamos estudiado en escuelas católicas, así que estábamos algo conectadas con la espiritualidad. No íbamos a misa cada domingo pero entendíamos que en la vida había más.

En un principio podía parecer fácil: mis padres meditan, pues yo también. Pero encontré que la vida tenía más sentido. Por ejemplo, antes de ir al cole teníamos un cuartito donde meditar y nos poníamos ahí un ratito antes de desayunar. Y yo vi que, aunque era buena estudiante, tenía los típicos nervios antes de un examen o ante una presentación importante... Yo era extremadamente tímida, algo enfermizo, y fui viendo el cambio que la meditación aportaba a mi vida. Por eso me gusta hablar de transformación personal.

Y ahora parece que este tipo de temas se van poniendo de moda. Hace poco celebramos los treinta y cinco años de Brahma Kumaris aquí en España. Tenemos sede en quince ciudades o lugares donde no hay centro pero sí actividades. Ves a la gente más interesada en este tipo de temas... Estamos dando cursos en universidades, en cárceles, en asociaciones diversas... Porque la práctica de la meditación no va conectada a una forma de vida. Puedes considerarlo así, pero si una persona que tiene fibromialgia practica la meditación podrá mejorar su vida, por ejemplo.

¿Cuál fue tu primera experiencia con la muerte?

En mi familia, de los más cercanos, el primero que murió fue un abuelo y yo ya tenía veintiséis años. Nunca antes había tenido una experiencia relacionada con la muerte; ni con tíos, ni con amigos, nada.

De pequeña sí me daba algo de miedo incluso el hecho de escuchar una ambulancia porque lo relacionaba con la muerte. Pero cuando pasó lo de mi abuelo, recuerdo que nos sentamos mi hermana y yo, y mis dos primos a su lado, mientras el abuelo se iba; y fue tan bonito... Ni siquiera mis dos primos pequeños lo vivieron como algo traumático. Tampoco él, pues sus nietos, a los que tanto quería, estaban ahí acompañándolo.

Esa fue mi primera experiencia. Y luego ha habido varias. Tanto aquí como en la India. Es muy diferente la muerte en la India. Habré presenciado unas diez incineraciones allá.

En Brahma Kumaris no te puedo decir que tengamos tal o cual rito fúnebre, porque eso es algo propio de cada territorio, pero lo único que para nosotros está siempre claro es la incineración. Es mucho más limpio y, para el alma que se va, el hecho de que desaparezca su cuerpo indica que ya no hay nada que tire de ella, que la atraiga; se le facilitan las cosas.

Por supuesto hay que tratar el cuerpo de forma respetuosa, pero ya el alma se fue.

Aquí nosotros, en Brahma Kumaris España, cuando se muere alguien, la familia tiene la potestad de hacer lo que quiera. Hay casos donde los familiares eligen hacer una ceremonia cristiana; sin problema, nosotros vamos y estamos presentes en honor a esa persona que era nuestra amiga, pero eso depende de la familia. No hay nada estrictamente de Brahma Kumaris.

Pero supongamos que el fallecido en vida ha dejado claro que quiere que Brahma Kumaris dirija su despedida; lo que haríamos sería compartir nuestro conocimiento espiritual de qué es el alma, qué es Dios... Digamos que una pequeña charla, pero conectando con esa persona que se ha ido. Saldrían varias de las personas cercanas a contar recuerdos... Al final, cualquier símbolo que conecte con la bondad del alma.

Por ejemplo, un chico que viene aquí a meditar nos llamó y nos contó que su madre había muerto y que como ella nunca se había sentido cercana a ninguna confesión no tenía sentido que un cura oficiase el funeral y me pidió si lo podía hacer yo. Seleccionamos unas canciones para el principio, después hablé yo, hubo momentos para la reflexión... Y la gente se quedó hablando sobre lo bonito que había sido. Sobre todo es importante ser cuidadoso tanto con los que se van como con los que se quedan.

La muerte es un tabú, ¿cómo podemos convertirla en algo más natural?

Hablando de ella. Normalizar la muerte como parte de la vida. A mí me gusta verlo así, incluso para uno mismo: si me voy, ¿cómo voy a dejar las cosas?

¿Cuántos problemas dan las herencias? Pienso a menudo, ¿qué trabajo voy a darles a los que se queden? Hay mucha gente que si ve que lo estás dejando todo bien atado piensa que estás llamando al mal tiempo. No, no tengo prisa por morirme, pero no quiero dar trabajo a los que se quedan. Creo que eso iría contra mi buen *karma*.

Durante la vida vamos pasando por diferentes muertes, metafóricamente hablando, y de esas no se suele hablar tampoco: morir al ego, a cosas que no te pones o no utilizas, «por si un día... por si...». Regálalo, que alguien lo disfrute.

Los sentimientos están en el corazón, no en los objetos.

Una vez en la India, justo después del funeral de un chico, la familia ya estaba haciendo obras en la habitación del recién incinerado y te confieso que pensé, «ay, pero qué falta de respeto... Al menos dejad que pasen unos días». Pero en realidad, ¿y por qué? El alma ya se ha ido.

Hay una expresión que usamos aquí: morir en vida. ¿Cuántas tendencias negativas del pasado y del presente vamos a ir soltando? Apegos, formas de relacionarnos con la gente... Es como morir en vida y cada vez que se produce te sientes un poco más liviano. Apegos a muchas cosas, a personas, objetos, a formas de pensar... La sensación es que vas soltando peso.

En India dicen: «tus últimos pensamientos te llevarán a tu destino». En el momento de dejar el cuerpo, ¿en qué estaré pensando? ¿En fulanito o en tal cosa que no pude hacer?

Es muy importante la trayectoria que uno tiene con la espiritualidad porque ya voy creando esa forma de ser; así, cuando me vaya a ir, me podré ir tranquila. Por eso también es importante tener las cosas materiales bien ordenadas. Una persona espiritual debería también prestar atención a sus cosas materiales. Si es una herencia, a cómo se reparte. Si quieres donarla a una fundación, cómo, cuál, cuánto. Todo bien cerrado. No deberías crear malas situaciones a los seres queridos que dejas. Como las últimas voluntades; es muy importante dejarlo todo por escrito.

Según Brahma Kumaris y tu conocimiento, ¿qué pasa cuando morimos?

Nosotros creemos en la reencarnación.

Tengo un primo que nació y se pasó dos años en el hospital. Iba junto con mis padres a menudo a verlo y pensaba que aquel bebé que me miraba era en verdad un hombre adulto. Pese a mi corta edad, tenía mucho sentido para mí. ¿No sería que ese ser debía pagar algún *karma* de otra vida? Él, sus padres y hasta yo, pues el *karma* es expansivo. Claro, eso justifica muchas cosas. ¿Cómo si no se entiende que alguien pueda nacer en Somalia y otro en Suiza?

El alma, cuando llega el momento, deja el cuerpo y se va a otro cuerpo en otro lugar. Y todo esto tiene relación con la ley del *karma*.

La ley del *karma* no tiene sentido solo para esta vida. Es como una cuenta bancaria donde creas y saldas *karma*. El *karma* no es negativo. Es negativo, positivo o neutro según la acción que realizas. Según cómo voy actuando me voy creando un *karma* u otro. Si doy amor recibiré amor. Si doy pesar recibiré pesar. No siempre es tan automático, ni instantáneo; puede que incluso lo experimentes en otra vida. El hecho de hacer buenas acciones es para el presente. Según como sea mi presente así será mi futuro. Y no hablo de cuando esté en la vejez, sino de mi siguiente vida. Estamos hablando de la eternidad del alma porque, como la energía, el alma ni se crea ni se destruye.

¿Y cómo es el proceso? ¿Reencarnamos automáticamente al instante después de nuestra muerte?

Eso es más una cuestión de fe porque, ¿quién lo ha comprobado? En Brahma Kumaris lo que sí creemos, a diferencia de otras corrientes de pensamiento, es que siempre reencarnamos en un cuerpo de ser humano. El alma humana se mantiene siempre en el mundo humano.

A mi entender dejamos el cuerpo y el siguiente cuerpo —que ya estaría preparado para ti— sería como si tirase de ti.

Creo que cuando es una muerte violenta no es tan rápido. Un accidente, un asesinato, cualquier muerte trágica de las que puedes ver en las noticias; no creo que sea tan instantáneo porque el alma no ha tenido tiempo de comprender que se ha quedado sin cuerpo.

En el cristianismo se habla de purgatorio, que Dios castiga. Y esa figura de un Dios castigador es lo que ha hecho que mucha gente deje de creer. Claro, ¿quién quiere estar con alguien que te castiga? Pero si piensas que es un ser misericordioso, ya es otra cosa.

Yo no entiendo que vaya a haber un juicio donde te digan lo que has hecho bien o mal... Yo lo entiendo más como que te miras a un espejo con conocimiento de todas tus vidas y te das cuenta de lo que ha hecho, y eso te puede llevar al arrepentimiento, a decir: «cuando vuelva pienso intentar enmendar todo lo posible».

Entonces, ¿tenemos libre albedrío cuando encarnamos o estamos predestinados?

No entendamos el término *karma* como algo negativo porque muchas veces ese es el cliché. *Karma* es acción, no es algo bueno ni malo. Dependerá de cómo haya ido mi cuenta bancaria, pero no quiere decir que vaya a ser así y no pueda hacer nada.

Estoy pensando en alguien a quien conozco. Es un voluntario del centro de Londres. Él conoció Brahma Kumaris cuando salió de la cárcel. Vivía en un centro tutelado cerca del centro de Londres y empezó a ir a meditar... Ahora dirige cursos de reinserción para jóvenes. Así que podemos cambiar. Me gusta mucho creer eso.

Un alma en edades tempranas quizá puede pasar por ciertas situaciones para saldar un *karma* de otras vidas, pero esa alma puede ir evolucionando e intentar mejorar día a día.

¿Qué podemos hacer a partir de hoy para asegurarnos una buena futura encarnación?

Prestar atención a todo: ¿qué tipos de pensamientos tengo? ¿qué palabras digo? ¿de qué manera y con qué intención? Antes de hablarle a una persona, ¿la reconozco como ser espiritual e intento no tener prejuicios?

No somos perfectos y cometemos errores, pero al menos démonos cuenta de qué errores cometemos e intentemos evitar aquellos en los que siempre sabemos que caemos.

Pero a mí, si te soy sincera, no me entusiasma mucho pensar en el futuro, pues el futuro es consecuencia de mi presente. Lo que me interesa es tener una buena vida hoy.

¿Cómo crees que afrontarás tu propia muerte?

No lo sé, ya lo veré. Pero creo que será muy plácida, es la sensación que tengo.

A mí me gustaría lo que decíamos antes de que nuestros pensamientos finales nos guíen a nuestro destino; que sea algo tan fácil como si la energía se pusiera en el centro de la frente y de ahí se echara a volar al mundo de la luz. Sobre todo me gustaría que no fuera una situación traumática. Y... ¡depende de mis pensamientos, palabras y acciones en el presente!

JUDAÍSMO

ENTREVISTA A MOSHÉ BENDAHÁN

Recorro el madrileño barrio de Chamberí deseoso de saber, pero pensando a la vez que, más allá de lo que he visto en tantas y tantas películas, poco sé sobre el judaísmo. De hecho, pienso, ¿tengo amigos judíos? Solo se me ocurre uno. Un argentino que conocí en Cuba. Y la revelación de mi ignorancia me da escalofríos y me hace querer dar media vuelta, ponerme a estudiar y en unos meses o años entrevistar al rabino Moshé Bendahán. Pero otra parte de mí sabe que es la oportunidad perfecta para aprender, además de que hablar con personas como él siempre es un honor.

¿Qué significa la muerte para los judíos?

Es la finalización de un periodo de tiempo que se le da al alma para desarrollarse en este mundo.

Se puede comparar la muerte a la vida en el vientre materno. Allí todo está dedicado a crecer físicamente para la vida terrenal. La existencia de una boca, los ojos y una nariz no sirven a ningún propósito en el vientre materno.

Al comenzar las contracciones, sentimos que viene lo peor, el final de nuestra existencia; en cierto modo morimos cuando nacemos. Lentamente nos damos cuenta de que no hemos muerto sino que accedemos a una nueva dimensión.

¿Qué recomienda el judaísmo, entierro o incineración?

La Biblia ordena que el cuerpo tiene que enterrarse y darle el mayor respeto por haber contenido en su interior el alma.

¿Cómo vive un judío el duelo ante la pérdida de un ser querido?

El primer periodo de duelo lo constituyen los primeros siete días, que comienzan al concluir el entierro, y es la etapa más estricta donde se prohíbe incluso trabajar, para que la persona pueda afrontar la pérdida del ser querido.

¿Y una vez pasado el tiempo? Por ejemplo, en el catolicismo se dedica anualmente una misa. En el budismo, pasadas unas semanas se deja incluso de orar por el difunto porque se entiende que ya ha reencarnado...

Cada año, el día del aniversario del fallecimiento recordamos al fallecido pronunciando el *Kadish* (la oración para la elevación del alma del difunto) y se visita la tumba y se leen algunos fragmentos del salmo 119.

La muerte es un proceso por el que pasaremos todos, pero hoy en día se siente como un tabú del que nadie quiere hablar. ¿Por qué? ¿Cómo podríamos normalizar la muerte?

La muerte es el retorno del alma a su lugar de origen y la tenemos que vivir como una noche entre dos días. El cuerpo muere, pero el alma sobrevive al sepulcro y permanece existiendo.

Usted, como guía espiritual, ¿qué recomendaría a padres o educadores para normalizar la muerte ante los niños?

Podríamos explicarlo con un ejemplo: cuando el niño es pequeño viene a la cama de sus padres a dormir; cuando se queda dormido, el padre lo toma en brazos y lo lleva de nuevo a su cama. De la misma forma, Dios, que es nuestro padre celestial, nos lleva a nuestro cuarto, nuestra verdadera morada.

Si se habla de muerte, también hay que hablar de vida. ¿Qué opina el judaísmo sobre los procesos de alargar la vida o mantener en vida a alguien en estado vegetativo?

La vida es el valor supremo, Dios la da y Él la quita. Por tanto tenemos que agotar todos los esfuerzos para mantener la vida.

¿Qué les responde o aconseja a los que acuden a usted en busca de consuelo ante la muerte de un ser querido? ¿Qué consuelo aporta la religión?

Que el alma sobrevive al sepulcro y permanece existiendo, aunque en una forma totalmente diferente a la terrenal. Al morir nacemos en un mundo espiritual. A esta dimensión nuestros sabios la denominaron «el mundo venidero».

La muerte es definida como una despedida. El alma regresa con su Creador y el cuerpo regresa a la Tierra, como escribe *Eclesiastés* 12-7: «El cuerpo retoma la Tierra y el alma retorna a Dios, quien se la dio».

El alma viene de la esencia más interna de Dios.

Según el desarrollo espiritual que la persona haya tenido será su proximidad a la luz divina en el mundo venidero y así será el estado de plenitud del alma.

El rabino Yonathan Eibeshitz, en su libro *Yaarot de Bash* (Volumen 2), escribe: «*Las personas espirituales que desarrollaron su esencia divina y vivieron bajo valores espirituales y éticos, siendo su principal deseo apegarse a lo espiritual, cuando fallecen, su alma se apega a la luz divina de inmediato*».

¿Qué pasa cuando morimos?

Toda esta vida es una preparación para el mundo venidero; cuando dedicamos nuestra vida a crecer internamente, la cercanía de Dios será un paraíso, pero si la persona se deja llevar por sus deseos pasionales, sentiremos mayor alejamiento.

Somos la memoria de nuestras acciones, cada uno en base a sus recuerdos, estará en el Paraíso o lo opuesto.

Muchos testimonios de gente que ha acompañado a sus seres queridos en el proceso de morir han dicho que veían a alguien que el resto no veía, normalmente un ser querido ya fallecido... Según el judaísmo, ¿nos vienen a buscar?

Según el judaísmo, en el momento de la muerte los seres queridos fallecidos vienen a acompañarnos al mundo espiritual, especialmente nuestros padres.

Como consejo, desde su experiencia, ¿cómo podemos llevar una vida espiritual?

La vida espiritual comienza desarrollando los valores éticos y espirituales que pertenecen a nuestra esencia divina.

Lo superfluo, lo banal, queda relegado a su justa dimensión. Y lo importante, la existencia de Dios, el bien y el mal, los valores espirituales, la verdad y el cuestionamiento existencial, afloran con toda su fuerza en su lugar prioritario.

A partir del momento en el que muere un ser querido, ¿cómo es el proceso hasta su entierro? ¿Se prepara el cuerpo de alguna manera? ¿Hay indicaciones precisas de cómo se ha de enterrar el cuerpo?

Una vez que la persona fallece, y ha cumplido el tiempo que dicta la ley española de veinticuatro horas, se procede al entierro. Con carácter previo a la sepultura se realiza el lavado del cuerpo y se le viste con las mortajas.

Hay lugares donde se entierra el cuerpo en la tierra y hay lugares donde se lo entierra con el cajón.

¿Qué dice el judaísmo respecto a la «resurrección de los muertos»?

Uno de los trece principios de fe que Maimónides enumeró como pilares del judaísmo es que «una vez que el proyecto Mundo finalice tal y como lo conocemos, comenzará una nueva etapa, la resurrección de los muertos, donde cuerpo y alma podrán vivir eternamente en armonía, y toda la misión del cuerpo será estar al servicio del alma».

¿Podría ofrecerme alguna valoración sobre la muerte desde el punto de vista del judaísmo?

Para el judaísmo, la inmortalidad del alma es un principio fundamental; por tanto, el hecho de tener la seguridad de que la vida no termina en este mundo y de que seguimos viviendo en otra dimensión nos da tranquilidad, pero, por otra parte, tenemos mayor responsabilidad, porque nuestro grado de cercanía al Creador va a depender de nuestro trabajo espiritual en este mundo terrenal.

Debemos entender la muerte como una mudanza, un tránsito, donde el alma recobra su estado de cercanía al Creador, y ya no hay barreras.

El rabino Eliyahu Dessler, en su libro *Mijtan Meeliyahu* (volumen 2), escribe: «*La muerte no cambia la esencia de la persona. Un malvado que durante toda su vida estuvo apegado a lo material permanecerá así incluso después de su muerte; sin embargo, los que vivieron apegados a la espiritualidad se sentirán dichosos de la proximidad a su Creador*».

DOCTRINA ESPÍRITA

ENTREVISTA A Mª JESÚS ABERTUS Y A JUAN MIGUEL FERNÁNDEZ

Todo aquel que acuda a la Asociación de Estudios Espíritas de Madrid encontrará una sonrisa y un cálido abrazo. Así es como reciben siempre Mª Jesús Albertus y Juan Miguel Fernández, con familiaridad y celebrando el encuentro.

Los conozco desde hace más de cuatro años y siempre me alegra verlos. Incluso el día que me noto bajo de energías, ellos siempre logran arrancarme una sonrisa. Así que, llevado por la amistad sincera que les profeso, les propuse quedar un día para conversar sobre el tema de la muerte. No dudaron en decirme que sí.

Quedamos un día festivo por la mañana. Creo que es la primera vez que veo la asociación vacía y aun así sigue siendo un sitio con calor de hogar. Nos sentamos a una mesa y enciendo la grabadora.

Cuando intento explicarle a alguien lo que es un centro espírita y escuchan cosas como médium, comunicación con espíritus... siempre recurren a la imagen de habitaciones oscuras... Sin embargo, nada más lejos de la verdad. Vuestro centro es un claro ejemplo de luz y apertura, y así es como siempre presentáis la doctrina espírita. Pero para la siguiente vez que me pregunten, ¿qué puedo responder? ¿Qué es la doctrina espírita?

Es una doctrina filosófica basada en tres aspectos fundamentales: el científico, el filosófico y el ético-moral religioso, pero no religioso desde el punto de vista de la religión instituida, sino que se considera que la transformación moral del ser está en religarse con el Creador a través de su comportamiento.

Cuando hablamos de los tres aspectos estamos hablando de que el científico analiza y comprueba los fenómenos mediúmnicos investigándolos. El filosófico porque a través de sus enseñanzas nos está planteando un esclarecimiento de nuestra vida: de dónde venimos, quiénes somos en realidad, y hacia dónde vamos; toda esta serie de cosas. Y el aspecto ético-moral religioso se basa en las enseñanzas de Jesucristo según su Evangelio.

¿Cuál es el origen de la doctrina espírita?

Indudablemente el hombre siempre ha creído en la presencia de un mundo espiritual desde que es hombre, pero se empieza a tener conocimiento del mismo a partir de mitad del siglo XIX cuando empiezan a realizarse una serie de fenómenos paranormales a través de unas niñas llamadas Fox, en Hydesville, un pueblo cercano a Nueva York, y esto genera que la gente empiece a preocuparse por este tipo de fenómenos.

Pero concretamente, en Europa, Hippolyte Léon Denizard Rivail (más conocido por Allan Kardec), un gran pedagogo francés que había escrito libros de enseñanza para la Academia Francesa, por «causalidad» conoce a un amigo que lo invita a acudir a una reunión mediúmnica donde él plantea mentalmente una serie de preguntas al movimiento de las mesas y a dos niñas que son médiums, y es entonces cuando los espíritus empiezan a tener contacto con él.

Todo este tema genera que él realice una serie de preguntas a los espíritus que le llevan a elaborar un libro llamado *El libro de los espíritus*, la base fundamental de la doctrina espírita.

La doctrina espírita es bastante desconocida en España. ¿Vosotros cómo la conocisteis?

A mí me interesaba porque yo tenía un hermano que era médium y siempre me gustaron estos temas, y busqué y busqué hasta que fui a Valencia, donde vivía mi hermano, y allí conocí a una persona que había trabajado en Madrid que legalizó el espiritismo en España. Entonces, a través de esta señora, al volver a Madrid me fui a la Puerta del Sol número catorce –ya no están ahí– y comencé a descubrir el espiritismo. Me encantó. Así empezamos, poco a poco y paso a paso.

Llevamos treinta y cinco años aprendiendo, conociendo y desarrollando el espiritismo.

Desde fuera pareciera que los médiums fueran «elegidos», gente que tiene capacidades especiales de forma innata. ¿Cómo se puede saber si se es médium? ¿Qué es realmente la mediumnidad?

La mediumnidad es algo implícito en cada uno de nosotros. Todos los seres humanos la tenemos de una manera natural, lo que ocurre es que en ciertas personas se desarrolla más debido a su sensibilidad y en otras ocurre todo lo contrario, permanece en letargo.

No obstante, todos en algún momento puntual captamos energías que están cerca de nosotros... Sensaciones... escuchamos... vemos... Nos comentan algo que pensamos que es una percepción nuestra... Es decir, que todo eso es algo natural en el ser humano. Lo que pasa es que hay personas que tienen un compromiso espiritual de ayudar a los demás, porque recordemos que Dios ayuda al hombre a través del hombre. ¿Qué significa esto? Significa que yo te ayudo a ti porque los espíritus me instruyen y tú puedes ayudar a otros que pueden necesitar escuchar tu consejo, tu orientación. Tú puedes ser el consuelo de sus preocupaciones, tú les puedes orientar sobre aquellas cosas que intuyes y que son buenas para ellos. Eso a nivel personal.

A nivel colectivo, cuando nosotros realizamos reuniones mediúmnicas, primero hay una parte que es la mediumnidad de la caridad, la verdadera base fundamental: dar consuelo, esclarecimiento, hablar con aquellos espíritus que todavía no saben que han desencarnado, que han fallecido, porque se ven exactamente igual que antes, siguen haciendo sus vidas. Porque el hecho de pasar de una vida a otra no significa que vayas a cambiar los conceptos de tu ser, sino que vas a seguir siendo el mismo que eres ahora, con tus sentimientos, tus emociones, tu sensibilidad, tus imperfecciones, tus virtudes; con todo ello te vas al otro lado de la vida. Y te sigues viendo exactamente igual que eras.

Y luego están también aquellas comunicaciones que los espíritus superiores intentan transmitirnos para mejorar a la Humanidad. De ahí esa gran colección de libros espíritas que han sido transmitidos por multitud de espíritus elevados con sus experiencias, indicándonos los caminos que hemos de tomar cada uno de nosotros para progresar espiritualmente.

Por eso es tan importante que la gente estudie el espiritismo. En primer lugar, porque te das cuenta de que no acaba todo con la muerte; ese es el error que muchas personas tienen. Pensar que viven, mueren y que ya todo acaba ahí. Pues no. Me muero físicamente, pero sigo vivo y estoy en la vida real. Lo que ocurre es que como a la inmensa mayoría de las personas nadie les ha dicho que la vida continúa, y por eso se pierden, por eso no se saben marchar, por eso continúan perdidos por la calle. A veces, en los trabajos mediúmnicos de caridad preguntamos «¿qué haces? ¿dónde estás?». «Pues nada, aquí sentado...». «¿Sentado dónde?». No tienen ni idea de qué deben hacer. Les preguntas si van a su casa y te dicen que sí, que a veces... Pero es que nadie les ve... Eso es una angustia.

La gente debería aprovechar los centros espíritas –que hay muchos en todo el mundo– para informarse. Porque el espiritismo nos dice muy bien de dónde venimos, hacia dónde vamos... Todo eso está muy bien, pero nos lo tienen que demostrar con una mediumnidad seria.

Ahí está la cuestión. Es lo que comentaba antes; la necesidad de romper con ese cliché que reside en el imaginario colectivo de lo que es la comunicación con los espíritus.

Por eso nosotros, en la Asociación de Estudios Espíritas de Madrid organizamos cada viernes conferencias gratuitas para invitar a que la gente se acerque a conocernos. Y no solo sobre temas espíritas; de hecho, vienen conferenciantes que no son espíritas: escritores, periodistas... Gente reconocida dentro del mundo intelectual y de la divulgación.

Al público que se acerca lo recibimos con agrado, intentamos que pase una tarde tranquila y gratuita en este lugar. Porque en las casas espíritas lo que hacemos es totalmente gratuito. Son mantenidas por los socios. Y que la gente se lleve el conocimiento y sobre todo el saber. Ya si a título individual nos preguntan qué es la doctrina espírita pues les contamos. Eso sí, sin imponer nada absolutamente a nadie. Aquí no adoctrinamos.

Hablemos de los trabajos mediúmnicos. Obviamente están muy alejados de lo que vemos en las películas. ¿Cómo es un trabajo mediúmnico de verdad?

Un trabajo mediúmnico es hablar con los espíritus. Es algo muy serio pero muy bonito.

Nadie se coge de las manos... Eso era al principio; ya no hay que tocar al médium porque si le tocas lo distraes. El médium necesita estar tranquilo. A su lado tiene un adoctrinador que es la persona que habla con el espíritu; porque suponte, un espíritu viene a través del médium y este habla y habla, pero alguien tiene que preguntar qué le ocurre, dónde está. Y le puede hacer todas las preguntas que quiera, aunque depende del tipo de espíritu que se esté manifestando a través del médium. Si es un espíritu con conocimiento le puedes preguntar todo lo que quieras, todo te lo contesta. Si es un espíritu inferior lo que tienes que hacer es orientarlo.

La mediumnidad es muy bonita, pero cuando se hace seriamente. No para preguntarle: «oye, ¿dónde dejó mi padre el testamento?». Porque si es un espíritu serio te dirá: «eso son cosas físicas y vuestras».

Y desde esa responsabilidad, ¿cómo enfrentáis a esos supuestos médiums que no son más que meros showmans?

Los ignoramos, naturalmente. Ahora bien, siempre que tenemos oportunidad explicamos que los espíritus no están a nuestra disposición. Eso está muy claro.

Yo no te puedo decir que vengas a una consulta a las cinco de la tarde y que hablarás con el espíritu de tu abuelo. Lo que intentamos es transmitir el conocimiento verdadero de lo que es la mediumnidad. No para censurar a nadie, que nosotros pasamos olímpicamente de los *showmans*, sino para que la gente despierte y no se aprovechen de ella. Porque es natural que todos tengamos la necesidad de saber que nuestros seres queridos ya fallecidos se van a comunicar con nosotros cuando ellos puedan y quieran, y eso será posible siempre y cuando haya sintonía del fallecido con los que se han quedado aquí. Porque a veces los espíritus que se marchan no tienen ninguna sintonía ni quieren tener ningún contacto con la gente que dejan atrás. Pero con aquellos que tienen lazos de sentimiento, lo que hacen a veces es manifestarse a través del sueño. Son ocasiones que aprovechan para comunicar que están bien e incluso pedir perdón por algo... Pero hay otros espíritus que salen corriendo y dicen, «no quiero saber nada de los que se quedan aquí».

Entiendo que es como si te mudaras a otro país. Hay gente con la que te unen lazos y la llamas a menudo, pero hay otra a la que no le escribes ni por Navidad.

Correcto. A las personas que pierden un ser querido habría que decirles que se hagan a la idea de que esa persona se ha ido de viaje. Un viaje muy largo. Pero que a ese viaje vamos a ir todos y al final es muy posible que nos encontremos. La mayoría de las personas nos encontramos con nuestros seres queridos en el otro lado. Pero para eso hay que esperar a ser llamados. No debemos adelantar nuestro regreso. Y estoy hablando del suicidio.

Todas esas personas que se suicidan tienen un gravísimo problema y es que no verán en muchísimo tiempo a sus seres queridos. Por eso hay que tener paciencia, esperar, y cuando llegue el momento de que nos llamen no hay duda de que las personas que tenemos al otro lado nos estarán esperando.

¿Tú te imaginas cuando despiertes al otro lado y te encuentres con todos tus seres queridos que te abrazan y te reciben con cariño? Es lo más hermoso que hay.

Madres que pierden hijos, que lloran todo el tiempo. «No, tu hijo te va a esperar. Tu hijo va a estar cerca de ti». Claro, ¿cómo le vas a decir a una madre que no llore por su hijo? No, que llore. Pero hay que decirle que el hijo cuando pueda se comunicará con ella. Aunque ella no tenga mediumnidad desarrollada, ya sea intuyéndolo o en sueños... La visitará, seguro, en algún momento.

A colación de lo que habéis comentado, gente que ha acompañado a alguien en el momento de su muerte dicen que esas personas en sus últimos momentos han visto «personas invisibles» ya fallecidas, como si esos espíritus los fuesen a buscar.

Es que ten en cuenta que en ese instante, a la persona que está a punto de desencarnar ya le están mostrando el otro lado de la vida. Y, sobre todo, lo que intentan es darle un poco de confianza para facilitar ese trance, que comprenda que va a estar auxiliada, que no va a estar sola.

El haber hablado del suicidio me lleva a otros temas que también suelen ser polémicos. ¿Qué opina la doctrina espírita de la muerte asistida?

Te vamos a contar una historia y así lo vas a entender:

Teníamos una amiga que se puso muy enferma y la llevaron al hospital y se pasaba el día drogada para aguantar los dolores. Su enfermedad no tenía cura y su estado fue yendo a peor hasta que su familia decidió desconectarla. Así que esa mujer murió y, en un trabajo mediúmnico que realizamos, se nos presentó. Nos explicó que el tiempo que había estado en el hospital lo había pasado muy mal porque su espíritu no podía utilizar la materia al estar todo el día durmiendo, y que su mayor desgracia fue no poderse despedir de sus hijos y nietos. Además, al desconectarla, no dejaron que aprendiese plenamente de esa experiencia, aprendizaje que, ahora sabía, necesitaba su espíritu.

Por lo tanto, hay que dejar que la vida siga su transcurso natural y no acortarla ni alargarla innecesariamente. Cuando haya que marchar, se marcha, pero no antes. Porque todo el tiempo que pasemos en esta vida estamos aprendiendo y ese es un aprendizaje que necesita el espíritu. No se le está haciendo un favor diciéndoles a los médicos que desconecten a un ser querido porque la vida y la muerte la deciden los espíritus y no nosotros.

No nos engañemos, la eutanasia es como el suicidio. Se está anticipando el tiempo del fin de su desarrollo. Nada pasa por casualidad.

Por ejemplo, en la película *Mar Adentro*; no fue casualidad que ese hombre se quedase tetrapléjico. Todo pasa por algo. Ese espíritu necesitaba esa experiencia para seguir evolucionando, pero al provocarse un suicidio asistido se acortó su vida y él no pasó por todo el proceso por el que tenía que pasar.

¿Cuál fue vuestra primera experiencia personal con la muerte?

Desde una edad muy temprana he tenido la oportunidad de ver a muchas personas muertas. Vivía en un edificio donde la convivencia con los vecinos era muy nutrida. Se convivía, había amistad, una amistad que las comunidades de ahora no tienen. En aquel tiempo se convivía mucho e ibas viendo cómo los vecinos iban falleciendo. Por eso yo siempre he tenido una relación con ese tema muy natural. No me ha influenciado, pero sí me ha hecho saber dónde vamos a terminar todos, porque desde que naces estás muriendo. Eso es algo que mucha gente rechaza. Mucha gente no quiere ver la muerte porque le impresiona, pero es algo natural que has de aceptar. Y después de tantos años sabiendo que dejamos la materia pero seguimos viviendo la muerte ya no es ningún trauma.

¿Dónde está el trauma? En el dolor físico, eso sí. Esas personas que pasan por situaciones dolorosas o de enfermedad... Pero la muerte en sí no da miedo. Es cerrar los ojos y abrirlos en otro lado.

Tener miedo a la muerte es desconocimiento. Cuando conoces el espiritismo se te quita el miedo a todo. Y te lo digo yo, que era una persona que no podía quedarme sola en casa y que por las noches dejaba siempre encendidas las luces. Pero es que el espiritismo te enseña que lo normal es que sean más peligrosos los vivos que los muertos.

¿De qué sirve orar por los difuntos?

Orar por los difuntos es muy bueno porque es como un bálsamo. Es como cuando tienes una herida y te pones una crema, las oraciones –dichas con el corazón, no como a veces se dicen de forma automática– tienen la misma función. El Padrenuestro es la oración más bonita que hay porque nos la enseñó Jesús, pero hay que decirla con toda el alma y al espíritu desencarnado le llega como un bálsamo. Porque no sabemos cómo se encuentran esos seres queridos al otro lado. Pueden estar tan divinamente pero también aturdidos, agobiados o sufriendo, y la oración les ayuda.

Las palabras transmiten ondas, que varían según cómo las digamos, cómo transmitamos las palabras, porque en función de ello transmitimos una vibración determinada. Cuando rezamos una oración como autómatas las palabras no llevan nada. Se quedan en el mismo lugar en el que yo las transmito. Pero cuando transmites una oración con el corazón, la vibración de esas palabras llega a donde tiene que llegar. Esa es la diferencia entre la oración dicha con el sentimiento y la oración recitada.

¿Pero cómo podemos normalizar la muerte?

Conociéndola. Que la gente no sea ignorante en el sentido de desconocer aquellos asuntos que son fundamentales para todos y cada uno de nosotros. Porque la muerte vive con nosotros y no sabemos en qué momento puede surgir y tenemos que estar preparados. Hay un momento en el cual el espíritu está tan vinculado al cuerpo físico que para después separarlos se tarda mucho tiempo. Por eso tantas veces los espíritus se quedan prendidos al cuerpo físico y cuesta mucho trabajo que ellos se den cuenta de esa situación.

Mira, había una señora que conocíamos los dos. Siempre decía: «A mí no me hables de estas cosas, que yo no quiero saber nada» y murió. Pasado un tiempo, vino en un trabajo mediúmnico y dijo: «Todo lo que decíais era verdad. Cuánto hubiese adelantado de haber escuchado».

En cierta ocasión preguntamos a los espíritus qué hacer con estas personas que no creían en nada, cómo convencerlas. Y nos respondieron que nada, dejarlos, porque irían al otro lado y ya se darían cuenta del tiempo perdido y de lo que podrían haber adelantado.

A pesar de que la mayoría de las personas creen que todo termina con la muerte; no es verdad, en el cementerio solo hay materia que se pudre. El espíritu se va de allí, que es lo que verdaderamente nos interesa.

El espíritu es inmortal. La vida es la oportunidad que nos dan de aprender gracias a nuestro libre albedrío y de ir almacenando el conocimiento que precisamos para ir evolucionando. Cada uno de nosotros tenemos una meta –unos tardarán más que otros en alcanzarlo– y ahí entra en juego precisamente la reencarnación.

Cuando le preguntaban a León Denis si el espiritismo sería la religión del futuro, él decía que no, que el futuro era el espiritismo.

Hay algo muy importante en este tema, y es que la gente, al desconocer las cosas desconoce precisamente el espiritismo. Porque los medios de comunicación, desde la ignorancia, hablan sin conocimiento de qué es en realidad. Y siempre basan sus comentarios en el punto de vista del fenómeno. El fenómeno no es patrimonio del espiritismo sino de la humanidad. Da igual la religión que sigas o no sigas, vas a tener igualmente sensaciones acerca de los espíritus que te rodean. Porque se manifiestan en todo tipo de colectivos. Sin embargo, todos comentan eso de que el espiritismo es fundamentalmente reunirse... hacer la ouija... que se muevan los cuadros... Están equivocados. Son cosas más fundamentales que eso. Hay grupos espiritistas que realizan sus tareas sin practicar la mediumnidad porque no todos los grupos tienen médiums pero sí practican la doctrina –el aspecto filosófico y el ético-moral–, además de ayudar a la gente que acude a ellos.

Lo importante es que la gente se dé cuenta de que siempre debemos tener un comportamiento correcto. ¿Por qué? Porque hoy estamos recibiendo lo que hemos gestionado en otras vidas. Cada uno estamos reparando y soportando pruebas que son necesarias para nuestra evolución. Hoy estamos construyendo el mañana. Somos los arquitectos de nuestro futuro, porque nuestro comportamiento en esta experiencia determinará qué tendremos en la siguiente vida.

¿Y la reencarnación cómo funciona? ¿Igual que la que predica el hinduismo que asegura que en vidas anteriores hemos sido animales?

No, es diferente. No podemos haber sido animales porque nosotros somos espíritu y los animales no tienen espíritu. Las diferentes vidas las vivimos en cuerpos humanos. Los animales más adelantados, como pueden ser por ejemplo el delfín o el caballo, tienen un principio psíquico, pero el espíritu únicamente lo tiene el ser humano.

El espíritu es como una semilla que se debe plantar en la tierra. Esa semilla brota, se va haciendo grande y da fruto. La semilla del espíritu duerme en el mineral, que no son las piedras de la calle sino las piedras preciosas cuando están dentro de la tierra. Pasado el mineral, el espíritu se agita en el vegetal y como tal ya tiene vida, esa chispa vital. Y pasado el vegetal se dice que el espíritu sueña en el animal porque ese principio de espíritu en el animal tiene un instinto especial. Va sintiendo algo por esa persona que lo cuida, que lo acaricia o que lo maltrata... Y despierta en el hombre. Cuando ha pasado por esos reinos, el mineral, el vegetal y el animal, entonces renace como hombre. Las primeras reencarnaciones son muy cortas. Muy torpes. Pero el espíritu se va haciendo a la vida. Aprendiendo. Todos nacemos ignorantes pero cada uno se va formando el camino que le dé la gana, que elige.

Hay dos puntos fundamentales que nos diferencian de los animales precisamente: uno es ser racional o irracional, que es lógico. Y hay otro que destaca muchísimo más, y es que los animales no crean. El ser humano sí. El animal lo hace por costumbre. ¿Por qué? Porque no hay un espíritu creativo en el animal. Nosotros no creemos que un espíritu ha sido un perro, sino que ha pasado por el cuerpo de un perro, que no es lo mismo.

Por eso no se vuelve atrás. Después de ser hombre no puedes volver atrás para ser un animal, como dicen algunas creencias.

¿Cuál es el proceso de reencarnación?

Imagina que tú mueres ahora, y en función de tu conocimiento espiritual te vas a despertar al otro lado de la vida. Según tu estado evolutivo –es decir, si no te sorprende verte despojado de tu cuerpo físico, después de la vida física– tardarás más o menos en despertar. Pero una vez que despiertes al otro lado, te encontrarás con aquellos seres queridos con los cuales tenías cercanía.

Una vez allí, si has padecido una enfermedad o has tenido una situación compleja a la hora de desencarnar hay un proceso en el cual eres recogido en una «clínica» espiritual, donde el cuerpo espiritual o periespíritu –que es la copia de mi cuerpo físico– va a ser tratado hasta que se recupere. Una vez se recupera ya empieza a salir y, a partir de ese instante lo acoplan a una ciudad espiritual donde lo adjudican a un colectivo que lo acoge y con el que vive.

¿Cómo es esa vida? Para que sea de fácil entender se podría decir que es como la de ahora pero sin obligaciones. Aunque eso sí, preparándose para la siguiente encarnación. ¿Por qué? Porque tú vas a ver muy claramente dónde han estado tus deficiencias en la anterior vida que acabas de dejar y así sabrás qué temas te has de preparar, y, sobre todo, qué es lo que desearías para tu progreso espiritual en la siguiente encarnación.

Eso teniendo en cuenta que hayamos sido unas personas honestas, normales, como suelen ser la mayoría de las personas en principio.

Pero imagina lo contrario. Aquellos que han tenido una vida agresiva, que han ido poniendo zancadillas a todo el mundo, cuyo su comportamiento ha sido ruin, que han maltratado, etc., cuando abran los ojos al otro lado de la vida, ¿qué se van a encontrar? Pues la gente a la que han perjudicado, y automáticamente serán apartadas y llevadas a un lugar donde deberán recapacitar sobre su comportamiento y sobre cómo desean evolucionar en su siguiente encarnación para reparar todo el daño que han hecho.

Entonces, ¿yo elijo cuándo volver a encarnar y cómo será esa encarnación?

No, tú no decides. Hay una serie de espíritus que te van a decir dónde fallaste, lo que deberías cambiar... Entonces tú podrás opinar y decir pues vale, pues lo hago así o lo hago de tal otra forma, y aceptarlo.

Ahora bien, cuando eres una persona de esas que están en el bajo astral, te van a obligar a encarnar a la fuerza. Quieras o no reencarnarás.

¿Cuál es la diferencia entre la llamada «familia espiritual» y la familia que tenemos ahora en esta vida? ¿A quién nos encontremos al otro lado entonces?

Tenemos familias consanguíneas y familias espirituales.

Las familias consanguíneas son las que están constituidas en este instante, circunstancialmente. Las espirituales son aquellas que llevan muchas encarnaciones juntas y que en encarnaciones tan distintas han tenido personajes diferentes.

Es como una compañía de teatro, donde hay una serie de actores que siempre son los mismos pero que en cada obra se cambian los papeles. En esta tú vas a ser mi padre, pero en la siguiente no puedes ser mi padre porque yo voy a ser tu amigo. En la siguiente tu novia, y así se va cambiando. ¿Y por qué se va cambiando? Por la necesidad que tenemos cada uno de nosotros de aprender a través de nuestras experiencias.

Ahora bien, en las familias espirituales hay ocasiones en las que se comprometen a recibir a un espíritu agresivo, violento, desafiante... Un espíritu que tiene la necesidad de ser atendido en un entorno familiar y agradable para que las vibraciones de todos ellos intenten serenarlo o ayudarle a que vaya evolucionando. Es lo típico que se dice, «es la oveja negra de esa familia, no tiene nada que ver con nadie. Vete a saber a quién ha salido».

Y también se pueden dar situaciones contrarias. Un espíritu evolucionado que se compromete a nacer dentro de un colectivo donde la familia está a bofetadas. Los padres se pegan, los hermanos se rechazan... ¿Qué pasa? Este suele ser la cabeza visible. Es el punto de unión de todos ellos, la referencia de ese grupo de personas para cualquier cosa.

Sea bueno o malo, ¿qué pasa después con ese espíritu que ha sido admitido por una familia? Cuando termina esa encarnación ya no vuelve más con esa familia, pues se trataba de una acogida temporal.

¿Para cada encarnación se establece una misión de vida? Por ejemplo, tú vuelves a encarnar para trabajar la humildad, después en otra encarnación quizá te toque trabajar la culpa...

No es una misión. Es una prueba, una orientación. Porque las misiones son para los espíritus superiores, aquellos que deciden encarnar para ayudar a la humanidad a elevarse: Jesús, Buda, Krishna...

Tú a lo que vienes es con la idea de mejorarte. La humildad, el amor, la soberbia, el orgullo... Todas esas imperfecciones que todos tenemos en mayor o menor grado las tenemos que ir corrigiendo.

Pero hay que esperar la oportunidad, claro, porque no es sencillo. Lo primero, en el ambiente familiar a ver cómo se te encaja, porque lo mismo tienes que esperar un tiempo a que todos o la mayoría de ellos estén dispuestos a admitirte. No se encarna cuando uno quiere sino cuando las condiciones se prestan a ello. A no ser que seas de esos a los que se les obliga, que a veces hay espíritus tan atrasados que incluso encarnan sin saberlo. No les ha dado la oportunidad de que se enteren de que van a reencarnar y se les marcan una serie de pautas por las que van a tener que pasar obligatoriamente. Ya sabemos que ha habido gente muy mala, y que la hay, ¿cómo crees que van a reencarnar? ¿Eligiendo? En absoluto. Han hecho tanto daño que tienen que pasar por una serie de circunstancias obligadas para que sientan en su cuerpo y en su espíritu todo ese daño que han hecho a los demás. Es la ley de causa y efecto.

Las leyes divinas no obvian ni dan privilegios a nadie. Por eso hablamos muchas veces del tema de la obsesión. Es decir, que un espíritu te *obsese*.

El odio sobrevive a la muerte. Al igual que te llevas el amor, te puedes llevar el odio.

Imagina que tú y yo hemos tenido problemas gordos. Pero graves de verdad. Y yo me muero y tú también. Quizá allí, al otro lado, ni nos encontremos. Y pasado un tiempo, tú renaces de nuevo pero yo no, me quedo allí pero te la tengo jurada y te encuentro. Ya no te llamas Toni; quizá ahora te llames Pepe y por la ley del olvido ya no recuerdas tus vidas pasadas, pero yo, que aún soy espíritu, sí. Y como te tengo rencor me voy acercando a ti y te voy *obsesando* con ideas y más ideas. Te haré la vida imposible hasta el punto de que harás lo que yo quiero. Tu carácter podría cambiar, te comportarías de una manera incorrecta con tus seres queridos...

Y eso crea un estado de obsesión muy profundo en el cual la gente ha de acudir al psiquiatra y este no puede hacer nada. Le mandarán pastillas y otras drogas y le diagnosticarán alguna enfermedad mental.

Por eso hay mucha gente que viene aquí al centro espírita con estos problemas. ¿Cuál es el sentido que nosotros tenemos que darle? Intentar primero que esa persona quiera salir de esa situación y segundo que nosotros podamos hablar con el espíritu que la está *obsesando* para hacerle comprender que su víctima ya es otra persona y que está perdiendo el tiempo porque ya que está en el mundo espiritual podría estar aprendiendo, preparándose para su siguiente encarnación y perdonar, que al final es lo más importante. Y claro, todo eso es un proceso lento y laborioso que requiere su tiempo.

Te contamos una historia: nos vino un día un matrimonio con dos hijos, una chica y un chico. La chica ya era mayor, doctora en medicina, y el chico estudiante. Los padres venían desesperados porque el chico se quería suicidar. Ya no sabían qué hacer con él. Incluso le habían prohibido volver a coger la moto porque les había confesado que pensaba a menudo estamparse a propósito para acabar con su vida. La hermana, doctora, no tenía ni idea de qué le pasaba a su hermano.

Nosotros vimos enseguida que estaba *obsesado*.

Estuvo viniendo durante un año. Venía todas las semanas, recibía pases mediúmnicos, le calmábamos, le dábamos libros para que leyese... Y cuando ya llevaba un tiempo viniendo conseguimos hablar con el espíritu y ¿sabes quién era el que lo *obsesaba*? La novia de una vida pasada. Se habían dejado por la razón que fuera, pero habían terminado mal y ahora le había encontrado. Poco a poco, conseguimos que fuese mejorando hasta que un día le vi con el casco. «Anda, ¿ya llevas la moto?». «Sí, es que estoy muy bien. He vuelto incluso a la universidad». Había perdido un año entero de sus estudios.

Tuvimos también a una señora cuyo marido era médico y venían aquí. Nosotros la recibíamos los jueves al terminar el trabajo. Esa mujer estaba *obsesada* por el padre, que además en vida había tenido un comportamiento muy incorrecto hasta que al cabo de dos o tres meses por fin pudimos hablar con él, siempre con la autorización moral que tú puedas tener. ¿Por qué? Porque si tú a mí me estás diciendo que debo dejar de fumar pero me lo dices con un puro en la mano... Claro, los espíritus te escuchan si ven que tú eres una persona recta. Si no, se ríen en tu cara, como es normal.

O, a veces, en un primer instante los espíritus se marchan, pero al rato, en cuanto su víctima sale de aquí la enganchan de nuevo. Pero es que esas personas no facilitan la labor de *desobsesión* porque siguen llevando una vida plagada de malos hábitos. Tú dime cómo eres y te diré quién te acompaña. Yo acostumbro a decir eso. Es decir, dime cómo vives y qué cosas haces y te diré qué espíritus están contigo. Los mismos que son como tú. Si yo soy un drogadicto, ¿a quién voy a tener a mi lado?

Eso justificaría adicciones al alcohol, a las drogas... También depresiones...

Porque aquellos espíritus que necesitan alcohol, tabaco... están al lado de una persona que lo requiere, acompañándola, y cuando ella fuma o bebe ellos se benefician porque están inhalando los fluidos o los vapores, es decir todas esas adicciones de su víctima.

Recuerdo un año en el que Divaldo Franco –uno de los mayores médiums de la actualidad– había dado una conferencia y al salir pasamos por un parque. Era viernes, claro, noche de botellón. Dijo Divaldo: «pasemos rápido porque no os podéis imaginar el espectáculo tan dantesco de los espíritus que acompañan a esos jóvenes». Es que el problema es que si estás ahí, aunque no estés abusando de esos vicios ya estás rodeado de esos espíritus y corres el riesgo de que te atrapen y quizá incluso de llevarte uno a casa.

Aunque con todo esto no queremos decir que no comprendamos algo tan fundamental como que la vida es la vida. No es que seamos todos santos, porque los santos están en otros planos. La gente puede fumar, beber, disfrutar del sexo, claro que sí. Pero con prudencia. El problema es cuando se pasa al vicio, a la adicción. Una cosa es beberse una cerveza o dos y otra es beberse toda una botella de whisky un día cualquiera.

¿Elegimos a nuestros padres?

No es que los elijamos. La familia es creada en el mundo espiritual.

Tú te has portado bien o mal, lo que sea, pero necesitas renacer con un grupo de personas y cuando esas personas estén ya acopladas entonces es cuando renaces. Pero antes de nacer, los que van a ser tus padres son llevados espiritualmente al mundo mayor para presentártelos y para que te acepten. Eso es importante. Porque si no te aceptan, igualmente reencarnarás pero después serás uno de esos casos de padres que reniegan de sus hijos, que los tratan fatal... Otras veces, la inmensa mayoría, se acepta algo tienes que aprender de esos padres. Porque ten en cuenta que en las familias es de donde vienen los peores enemigos del pasado.

Y ahí entonces es donde hay que cultivar el amor.

Tú aprenderás a querer a tu madre, a tu padre, a tus hermanos... En definitiva, todo lo que se busca es crecer, avanzar, ser mejores. Y vamos avanzando quitándonos todas las deudas del pasado con todas aquellas personas que componen nuestra familia hasta que lo hayamos conseguido. Y así, quizá la próxima encarnación sea mejor. En algún lugar con más facilidades materiales, donde no haya tantas guerras, tantas necesidades, tanta maldad...

¿Y como desencarnamos se pacta arriba?

No es «tú vas a morir por un accidente de coche a los cuarenta y cinco años, tres semanas y dos días», no.

Lo que sí es que te dan una pauta de que vas a vivir hasta los setenta, más o menos, pero tienes la opción de que, dependiendo de lo que hagas, ese plazo se puede prorrogar o adelantar. Si tienes una vida de riesgo, en cualquier momento puedes desencarnar porque hay cosas que nos buscamos nosotros mismos. Pero no es que haya establecida una fecha y un modo de morir, porque si no seríamos como máquinas, ¿comprendes? ¿Qué opción nos darían a cada uno de nosotros?

Nos han dado una base fundamental que es la del libre albedrío. Tenemos marcadas una serie de pautas, pero dentro de ellas tú vas a poder elegir. Cuando estamos en el mundo espiritual podemos elegir una serie de cosas, pero porque no estamos en la carne. La carne tira mucho de nosotros.

Existe la ley del olvido y con ello olvidamos todo lo que al otro lado hemos prometido. Allí estamos protegidos, estamos con nuestros seres queridos, espíritus que nos ayudan y todo lo vemos bien. Pero luego venimos aquí y nos sentimos solos, olvidando aquello que hemos prometido y entonces tenemos que guiarnos por nuestra intuición. «Tengo la idea de que esto no está bien, pues no lo hago». Pero no venimos predestinados para nada, si no, ¿dónde estaría nuestro libre albedrío? Traemos orientaciones que debemos seguir o no. No ocurre nada por casualidad, eso sí.

Hay una sola vida con muchas experiencias en las que todos hemos hecho de todo. En una existencia no se regula todo aquello que hemos cometido en otras vidas. Tenemos que ir limando, limando y limando porque en una sola vida no da tiempo.

Por eso hay muchas personas que no creen en Dios, porque ven las injusticias que nos rodean y dicen «Dios no existe porque si existiese no permitiría tanto dolor». Pero es que hoy somos todos muy buenos, ¿pero y en otras vidas pasadas? Los niños que se mueren de hambre no están ahí por casualidad, ¿no será que antes tuvieron mucho y lo derrocharon sin ayudar a los demás? ¿No será que antes habían vivido y no se habían ocupado de nadie más? Están aprendiendo; pero claro, eso no lo puedes ir diciendo por ahí.

¿Y por qué no nos acordamos de otras encarnaciones?

Porque sufriríamos mucho. Vamos a ver, tú ahora estás con nosotros muy bien, muy simpático, ¿pero y qué hemos sido antes? Igual nos hemos odiado profundamente. Igual tú me robaste y me mataste en encarnaciones atrás... Quién sabe... ¿Y por qué ahora estamos tan bien? Ten en cuenta que si supieses que tu amigo te hizo anteriormente mucho daño, ahora no lo verías con los mismos ojos o quizá incluso buscarías venganza. Ya no le querrías, que es tu deber, querer a las personas.

O por querer evolucionar dirías algo así como «no, es que a Fulanito le tengo que querer sí o sí». Si no lo sientes, ¿por qué te vas a obligar? Tampoco es eso. Tiene que ser algo innato, que surja.

¿Pueden estar los espíritus de nuestros seres queridos ya desencarnados a nuestro alrededor?

A veces sí. Pero a ver, no van a estar por ejemplo en un momento de intimidad con tu pareja, se entiende. Pero cuando estás tranquilo, viendo la televisión, por ejemplo, o escribiendo... Pues entonces quizá sí que viene tu abuelo, con el cual tenías mucha sintonía, y se sienta a tu lado un ratito a darte energía, a transmitirte cariño. También porque si te apreciaba en vida, él de alguna manera quiere saber y ver qué tal te van las cosas, si necesitas algo...

¿Entonces serviría, si estoy solo en casa, dirigirme a mi ser querido como si estuviese allí?

Quizá no esté, pero por el hecho de dirigirte a él lo atraes. Siempre y cuando ellos puedan porque no sabemos en qué situación se encuentran en ese preciso instante, ¿verdad? Imagina que están realizando un cursillo de preparación en una asamblea para su siguiente encarnación... Pues entonces no van a poder acudir.

¿Cómo creéis que afrontaréis vuestra propia muerte?

Muy tranquilamente. A no ser que me pille un coche, lo aceptaré muy bien e intentaré irme lo más tranquilamente posible. Aunque seguro que me dan la oportunidad de prepararme. Con eso quiero decir que cuando note ese momento de que me voy a ir pueda despedirme, hacer una oración... despertar con tranquilidad... Sé que me estarán esperando mis seres queridos. ¿Por qué? Porque he intentado ser una buena persona, portarme bien con los demás, no he sido cruel, he vivido una vida medianamente normal y eso me da la seguridad de que voy a ser recibida con amor y con cariño por aquellos que me querían.

Yo pienso que como a lo largo de mi trayectoria me he portado bien con la gente, voy a recibir lo que he sembrado. En ese aspecto, vivo tranquila. Pienso que hemos dedicado mucho tiempo a ayudar a las personas. La espiritualidad siempre nos ha ayudado precisamente por eso. Nosotros hemos pasado por situaciones muy complejas, pero ellos siempre nos han confortado y creo además que cuando llegue el momento lo van a seguir haciendo. No porque tengamos un privilegio de nada, pero sí que, egoístamente, pienso que es un merecimiento. Pienso que los trabajadores de la doctrina tenemos «nuestro salario» y que ellos, que son justos, aplicarán el salario que crean conveniente a cada uno de nosotros.

Los espíritus dicen que, de la misma forma que cuando estáis encarnados os preocupáis por tener una jubilación para el día de mañana, deberíais procurar la jubilación espiritual para cuando lleguéis aquí. ¿Eso qué quiere decir? Que seamos buenas personas para que cuando regresemos allí seamos recibidos sin problemas y no nos manden al bajo astral a sufrir y a padecer más de lo que cada uno haya padecido en la Tierra. Que todos hemos padecido aquí en vida, enfermedades, necesidades... Todos sufrimos.

Quién diga que es feliz, miente.

No, no eres feliz porque solo con ver lo que pasa en el mundo se te quita la felicidad. Podemos tener pequeñas gotitas de felicidad... tener un buen día, pero siempre se acaba. La vida es un continuo sufrimiento, pero hay que tratar de aceptarlo. Tratar de mejorarlo y tratar de hacer feliz a todo aquel que esté a nuestro lado, aunque los demás no nos hagan felices a nosotros. Porque hay un dicho espírita que dice «el mal que me hacen, no me hace mal. El mal que yo hago, sí me hace mal». Así que yo creo que debemos aprender a ser cada día un poquito mejores. Porque aún nos queda tiempo a todos, y por muy malos que hayamos sido, nos queda tiempo para cambiar. Para que todo aquel que conviva con nosotros diga, «mira qué simpático, qué majo». Que hablen bien de ti, porque al hablar bien de ti, te mandan vibraciones de amor. Cuando hablan mal te envían vibraciones negativas y eso no lo queremos.

FE BAHÁ'Í

ENTREVISTA A SERGIO GARCÍA

Poco sé sobre la Fe Bahá'í, y así lo admito ante Sergio García en mi primer *e-mail*. Salvo una conferencia a la que asistí una vez, solo sé que la Fe Bahá'í es una de las religiones más recientes. Y para solventar mi desconocimiento, Sergio me invita al centro que tienen en Madrid.

Me acompaña en un recorrido por las diversas estancias del centro. Me sorprenden y me gustan algunas de las cosas que me explica. Me cae bien al instante, es una persona honesta. Y agradezco de todo corazón su empeño en presentarme la religión que decidió profesar desde hace más de diecisiete años. Se fue implicando e implicando en la comunidad Baha'í en España hasta el punto de que hoy en día es coordinador de la oficina de asuntos públicos.

En España es muy desconocida la Fe Bahá'í. ¿En qué se basa?, ¿cuál es su origen?

Hay algo más de 5.000 personas Bahá'í en España.

Surge en Irán en el siglo XIX y su fundador es Bahá'u'lláh, que en castellano significa «la gloria de Dios» y que es un nombre que él mismo adopta. El propósito principal de la Fe Bahá'í es unir a todos los pueblos, razas y religiones en una causa común.

Las enseñanzas Bahá'í lo que plantean es que Dios se manifiesta cada 500 o 1000 años para poder transmitir su voluntad a la humanidad y permitir, por un lado, que los individuos puedan desarrollar su potencial y acercarse a él y, por otro, que puedan contribuir a establecer una civilización cada vez mejor organizada, más próspera y más progresista. Ese es el doble propósito que tiene Dios con la humanidad.

Nosotros la llamamos la Alianza Eterna de Dios y lo que plantea Bahá'u'lláh es que todas sus enseñanzas estén enfocadas en ayudar a la humanidad, en dar un salto en su proceso de evolución social. Al igual que a lo largo de la Historia otros mensajes de Dios han ayudado a la humanidad a organizarse en ciudades, estados... él dice que, en esta época, la humanidad tiene que tratar de organizarse conforme a un principio de unidad y establecer un orden global basado en los principios de reciprocidad y cooperación, justicia social, sostenibilidad, participación universal. Todas las enseñanzas de Bahá'u'lláh están centradas en ese propósito y los Bahá'í de todo el mundo están trabajando junto con gente no Bahá'í y otras organizaciones afines para lograrlo.

Por otro lado, los Bahá'í consideramos que Bahá'u'lláh no es solamente un mensajero de Dios que ha venido para guiar a la humanidad, sino que también lo asociamos con el cumplimiento de las promesas de las grandes tradiciones religiosas del pasado.

Cuando uno analiza las tres grandes religiones siempre hay referencias al «final de los tiempos». Lo denominan de diferentes formas; los cristianos hablan de la venida de Jesús en la gloria del padre, los musulmanes —depende de si son chiítas o sunitas— hablan también de la venida del Mahdí; todas esas referencias nosotros las conectamos con la venida de Bahá'u'lláh. Como si él viniese a cumplir las promesas de esas tradiciones. Y lo mismo ocurre en la línea más oriental. En el hinduismo se habla de la reencarnación recurrente de Krishna... En el budismo de la venida de diferentes budas y que al final de los tiempos vendrá el quinto Buda o Buda universal... Los Bahá'í consideramos a Bahá'u'lláh ese gran personaje, ese prometido de todos los tiempos que viene a inaugurar una nueva era de paz y justicia, y que esa nueva era debe construirse. No va a venir mágicamente, sino que tenemos que aprender todos juntos a construir ese orden social.

Todos los textos Bahá'í que se basan en las enseñanzas de Bahá'u'lláh –y que son como unos cien textos– se centran en ese propósito.

Ahora, como todo mensajero de Dios, las enseñanzas Bahá'í abordan cuestiones múltiples: Dios, la naturaleza humana, la sociedad, la vida después de la muerte, la oración, prácticas individuales para el desarrollo espiritual como el ayuno o la meditación, el pedirse cuentas a uno mismo cada día, abstenerse de murmurar...

Luego también hay varios aspectos organizativos, ya que si hablamos de establecer ese nuevo orden social basado en unos principios hay indicaciones de qué tipo de asociaciones han de emerger a nivel local, nacional, internacional... También hay principios respecto a la organización de la economía o acerca de la educación, de los medios de comunicación... pero el eje es lo que nosotros llamamos un orden administrativo específico, que aparece en el texto más importante de Bahá'u'lláh.

Dentro de ese orden administrativo no existe clero. En la Fe Bahá'í no hay nadie que se dedique profesionalmente a ello, no hay sacerdotes, ni individuos que lideren al resto, sino que nos organizamos por medio de juntas que se eligen democráticamente.

A nivel local a esas juntas las llamamos asambleas espirituales locales y están compuestas por nueve personas que se eligen una vez al año.

Anualmente, en aquellas localidades en las que hay un número significativo de Bahá'í mayores de veintiún años, se hace una elección dentro de una atmósfera espiritual en la que no existen candidaturas ni campañas. Todos los Bahá'í de la localidad mayores de veintiún años pueden ser elegidos y todos deben elegir. Y la votación se hace después de un período de reflexión y de forma secreta. Las nueve personas con más votos constituyen la asamblea espiritual local y esa es la autoridad para los Bahá'í de esa localidad. Pero nosotros concebimos la institución al servicio de la gente, no está para ordenar.

Lo mismo ocurre a nivel nacional. Una vez al año se elige la asamblea espiritual nacional, que es una institución compuesta por nueve personas y que se configura anualmente en dos etapas. En la primera se escogen representantes regionales y luego hay una convención nacional, que se organiza conforme a los mismos principios que se usan para la elección a nivel local que te he comentado.

Y lo mismo a nivel internacional, pero cada cinco años. Las asambleas nacionales de todos los países del mundo acuden a Israel, que es donde tenemos el Centro Mundial Bahá'í hoy en día.

Por un lado está la idea de que todos los Bahá'í tenemos el derecho y el deber de promover la fe y servir a la humanidad, pero en términos prácticos hay toda una dimensión colectiva que está íntimamente ligada a la individual. Entre otras cosas porque nuestra concepción de la sociedad es que todos somos parte de un mismo cuerpo, no somos entes aislados. Lo que ocurre en una parte afecta a la otra. Por eso tenemos que trabajar juntos para establecer una sociedad justa para todos. No tengo que pensar solamente en mi propio desarrollo espiritual. Por ello tenemos también actividades colectivas y esas actividades han de ser coordinadas. Y, aunque no tengamos clero, sí hay una manera de coordinarse y hay diferentes mecanismos.

Un mecanismo es que los nueve componentes de la asamblea espiritual local eligen oficiales dentro de ella: un coordinador, un secretario... Y luego se crean diferentes comités para organizar las diferentes cosas. Por ejemplo, una de las actividades centrales es la fiesta de diecinueve días, que se celebra cada diecinueve días. Todos los Bahá'í de la localidad se reúnen y un representante de la asamblea va para coordinar... pero no es sacerdote, todos participan.

Y luego ese mecanismo sirve para muchas otras cosas: convenciones, días sagrados... Pero gran parte de las actividades que se hacen brotan de las iniciativas de los individuos. Imagina que eres Bahá'í, y como tenemos planes de que esos ideales para trabajar por un mundo mejor se materialicen, tú, que tienes ese deseo de contribuir al bienestar de la sociedad, en tu casa organizas un círculo de estudio.

Por otro lado, también tenemos programas educativos. Por ejemplo, la asamblea espiritual tiene una institución que se llama Instituto de Formación, que sería la agencia en el país que se encarga de coordinar los programas educativos de empoderamiento de base. Y esta agencia tiene una red de coordinadores, tutores, que después llevan los grupos. Luego, a nivel nacional, también tenemos una oficina que se encarga de las relaciones con el gobierno, con las organizaciones civiles, el mundo académico y el sector empresarial para contribuir al debate público.

¿Cómo conociste la Fe Bahá'í? ¿Por qué seguirla?

Conocí la Fe Bahá'í en el año 2000 o el 1999 en Irún. No tenía inclinaciones espirituales claras pero conocí a un chico y me impactó cómo pensaba y la manera en la que veía el mundo y charlando con él me dijo que era Bahá'í... Empezó a hablarme de Bahá'u'lláh, de su vida, de sus enseñanzas, de la idea de que Dios cada 500 o 1000 años se manifestaba a través de un mensajero, y que ya había habido varios, y que para esta época había venido uno nuevo y que había una misión para que la humanidad pudiera resolver sus problemas actuales.

Me surgieron dudas, ¿será esto verdad? Pero todo me parecía muy lógico y decidí explorar.

Como los Bahá'í no hacen énfasis en tratar de convencer a nadie porque hay un principio que es el de la libre e independiente investigación de la verdad, no hay coacción o adoctrinamiento. Así que yo tranquilamente empecé a leer algunos textos de Bahá'u'lláh, a reflexionar... Y finalmente llegué a la conclusión de que Bahá'u'lláh era ese personaje que decía ser y que quería alinear mi vida con sus enseñanzas y tratar de contribuir a su propósito.

Y me hice Bahá'í a finales del año 2000 en Vitoria.

¿Qué supone la muerte para un Bahá'í?

Por un lado, la naturaleza humana es doble: material, animal —a veces la llamamos naturaleza inferior, no porque sea mala sino porque comparte los instintos de los animales—, y superior, espiritual, que se asocia con lo que se llama el alma racional o el espíritu humano. Esa es la esencia del ser humano y por eso debe fortalecerse, desarrollarse y prepararse para un viaje eterno.

El inicio de ese viaje comenzaría cuando el espermatozoide y el óvulo se unen en el momento de la concepción, y entonces el alma, que procede del mundo espiritual, se asocia con el embrión y comienza la vida de un nuevo ser.

Desde entonces va a seguir un viaje eterno hacia Dios, un viaje que no tiene fin. Uno nunca es capaz de llegar al mismo nivel de Dios.

En esta vida uno debe desarrollar las facultades espirituales que le van a permitir desenvolverse en el otro mundo, igual que cuando estábamos en el vientre de nuestra madre tuvimos que desarrollar nuestras facultades y capacidades físicas para desenvolvernos en este mundo. Del éxito que tuvimos estando en la matriz de nuestra madre dependió la felicidad y la tranquilidad con la que podemos vivir aquí.

De igual manera, en la medida en que aquí desarrollemos nuestros poderes espirituales, como la inteligencia, el servicio desinteresado, el desprendimiento, el amor, el sacrificio... cuando muramos, en el otro mundo –nosotros no tenemos la concepción de que uno vuelve a esta vida sino que sigue diferentes etapas–, en ese mundo espiritual, uno va a tener que cumplir otra misión que dependerá de esas capacidades que desarrollemos en el mundo en el que nos encontramos ahora.

Una fase fundamental en el desarrollo de las facultades espirituales es reconocer a Dios a través del mensajero enviado para la época que uno vive y, cuando eso ocurre, lo que plantean los textos Bahá'í es que el alma racional recibe el espíritu de fe, que es un fenómeno que aparece en todas las religiones. El cristianismo habla de la salvación, de cómo Jesús recibe el espíritu a través de la paloma. En el Islam también se habla del reconocimiento del Profeta... La Fe Bahá'í también tiene ese reconocimiento del mensajero de Dios.

Hay como un «despertar» del alma y luego, a través de la puesta en práctica de las enseñanzas del mensajero de Dios, a través del esfuerzo por comprender su palabra y por servir a la sociedad y olvidarse de uno mismo, las personas van capacitándose para después, cuando mueren, poder desempeñarse bien en el mundo espiritual.

Lo que plantean los escritos Bahá'í es que ese mundo espiritual es un misterio. Hay una serie de nociones que podemos tener acerca de lo que ocurre cuando uno muere. También los escritos dicen que la muerte es portadora de alegría, aunque implica dolor porque uno está apegado a este mundo, pero en esencia es portadora de alegría porque uno entra en un mundo superior. Igual que el mundo material es superior a la matriz de la madre, el mundo espiritual es mejor que este material en el que nos encontramos ahora. Dicen que no tiene las restricciones de tiempo y espacio que encontramos aquí.

Y la conciencia de esa permanencia del alma es la que nutre el deseo de desarrollarnos espiritualmente en este mundo y poder trascender lo que es la vida meramente material.

Los escritos Bahá'í no denuncian el mundo material ni lo plantean como esencialmente malo; de hecho, uno puede disfrutar de las cosas buenas de la vida –siempre dentro de unos límites–, aunque bueno, ha de intentar estar desapegado al mismo tiempo para poder centrar su mente y su voluntad en cosas más importantes, como son el poder acercarse a Dios y contribuir a que la sociedad progrese y a que otros seres humanos vivan también felices aquí.

La muerte es un misterio y se dice que es un misterio porque Dios así lo ha querido. Lo que plantean algunas referencias Bahá'í es que si Dios nos descubriese los misterios de la muerte, algunos se alegrarían tanto que desearían morir y hasta se suicidarían, mientras que otros se llenarían de tanto miedo que implorarían que no llegase ese momento, y no porque se plantee que hay un Cielo y un Infierno físico, eso es simbolismo de la lejanía o cercanía a Dios. Como en esta vida: hay gente que puede vivir en el «Cielo» si ama a los demás, intentando estar siempre tranquilo, ayudando... o alguien puede vivir en el «Infierno», si siempre anda con odios, metiéndose en problemas... Y esa misma cercanía o lejanía con Dios se potencia todavía más en el otro mundo.

Así que las personas que se han desarrollado más van a poder estar más cerca de Dios, en el sentido de que van a estar más fortalecidos y se podrán desenvolver mejor en lo que vendrá después de morir. Y si no te preocupas ahora, en esta vida, por desarrollarte, pierdes una gran oportunidad. Al otro lado podrás desarrollarte también, pero ya no tanto por su propia voluntad sino por la misericordia de Dios o gracias a las oraciones de los que se hayan quedado atrás en este mundo. Pero se dice que cuando uno muere es consciente de la oportunidad que ha perdido. Así que la muerte también la entendemos como un fenómeno que nos quita un velo. Aquellos misterios de los que aquí no somos conscientes allí se hacen claros y eso implica alegría, pero también tristeza si compruebas que has perdido el tiempo en este mundo.

Otra cosa también importante relacionada con la muerte es que a pesar de esta idea de que hay personas que se desarrollan más y otras menos, uno no puede juzgar la condición de nadie en este mundo.

Se dice que solo Dios sabe cuál es la condición de la persona, cuántas veces un creyente piadoso ha cambiado a la hora de la ascensión de su alma que ha entrado en el fuego infernal. Pero recordemos que esto es una alusión metafórica. Y luego lo contrario: alguien que parecía un pecador y que a la hora de su muerte se arrepiente y cambia tanto que al morir entra en la gloria celestial. Eso es un llamamiento a que no juzguemos a las personas por la apariencia o su comportamiento porque solo Dios sabe al final las circunstancias de la vida, el contexto en el que han crecido, las situaciones por las que han tenido que pasar... Y uno nunca sabe en qué condiciones estaría si le hubiese tocado vivir eso mismo.

Según la Fe Bahá'í, ¿al otro lado nos reconoceremos?

Sí, además hay escritos muy claros sobre ese tema. Cuando uno muere el alma va al mundo espiritual y ahí se encuentra con los seres queridos. También se dice que las almas más purificadas se encontrarán con los profetas, los elegidos por Dios y los santos, y que conversará con ellos, compartiendo por lo que han tenido que pasar en este mundo.

En el mundo espiritual reconocerás claramente a los seres queridos. Lo que se plantea en los escritos es que uno mantiene su individualidad, no la parte física pero sí sus características esenciales como persona.

Entonces, una vez muertos y en el mundo espiritual, ¿seguiremos aprendiendo?

El alma emprende un viaje eterno hacia Dios y en cada etapa tiene que aprender ciertas cosas. En este mundo material hay un propósito, que sería el que te he comentado antes, y en la próxima etapa nos encontraremos con otro propósito diferente. Aunque no se especifica cuál.

Lo que sí se dice en los escritos es que allí, al no tener cuerpo, no tendremos este sufrimiento relacionado con los instintos. Entonces podremos dejar de preocuparnos por esas cosas y dedicarnos a otras tareas. Aunque no se sabe bien lo que estas serán.

Algunos pasajes sueltos dicen que una de las cosas que se hacen allí es inspirar al desarrollo en este mundo... Pero no hay muchas referencias, la verdad.

Y después de esa etapa espiritual, ¿hay más mundos?

Son eternos, como escaleras. Se dice que los mundos de Dios son infinitos en número y en extensión, y que en cada uno de ellos puede haber criaturas. Y que en cada uno de esos mundos hay que aprender ciertas cosas y cumplir ciertas misiones.

Pero ya no hay referencias de lo que ocurre tras la etapa que va inmediatamente después de esta porque lo que Bahá'u'lláh plantea es que es ahora cuando toca esforzarse por transformar las condiciones en este mundo y cumplir así las promesas de las religiones del pasado de fundir el orden divino con el mundano y crear un orden social que refleje lo divino. La gran mayoría de las enseñanzas de Bahá'u'lláh se basan en ese mundo, en lo que hay que hacer aquí.

Tenemos esa idea que comentábamos de que tampoco nos beneficia mucho saber qué ocurre en la siguiente etapa. Más vale centrarse en la que nos encontramos. Poco a poco. Paso a paso.

Hay un pasaje en los escritos que relata que una persona le preguntó a Bahá'u'lláh cómo era el otro mundo. Bahá'u'lláh se lo enseñó y el impacto de lo que vio fue tan fuerte que esa persona se quitó la vida. Aunque es algo triste y duro muestra un principio espiritual y ofrece una lección.

¿Cómo fue tu primera experiencia con la muerte? En la actualidad, ¿cómo reconforta la Fe Bahá'í?

La verdad es que no recuerdo mucho mi primera experiencia con la muerte. Mi abuela murió cuando yo debía tener unos doce o trece años, pero tampoco tenía mucha conexión con ella. Aún no he sufrido la pérdida de un ser cercano. Pero sí que desde que me hice Bahá'í no me da nada de miedo la muerte. En eso sí he cambiado mucho. Siempre me daba cierto respeto la muerte y veía el miedo de mis padres a morir; y desde que soy Bahá'í es al revés. Aunque no deseo que llegue, porque hay que aprovechar todo el tiempo posible en este mundo para servir a la Humanidad y desarrollarse. Si uno está preparado, el paso al otro mundo tendría que ser algo alegre porque uno va a un mundo mejor.

Al mismo tiempo, cuando alguien cercano muere, uno entra en un período de reflexión profundo. Tengo interiorizado que es para mejor aunque también sé que separarse de un ser querido es doloroso. Saber que en esta vida ya no le vas a ver es doloroso, claro, y los escritos así lo reconocen.

¿Qué ritos fúnebres hay en la Fe Bahá'í?

Cuando alguien muere no puede ser enterrado a más de una hora de trayecto del lugar en el que muere, por respeto al cuerpo, que se considera que ha sido el trono del alma.

Otro aspecto es que hay que enterrar el cuerpo bajo ciertas condiciones, como estar preferiblemente orientado hacia el Santuario de Bahá'u'lláh, que está en Israel, en el lugar donde murió. También preferiblemente en una caja de piedra, madera o cristal. Siempre en tierra, aunque según dónde sea, se entiende que también sirve un nicho. Tiene que ir rodeado de una seda especial junto con un anillo que tiene inscritos unos pasajes de Bahá'u'lláh.

Y luego hay un funeral específico. Una oración que se debe hacer en el entierro y que es la única oración Bahá'í que se realiza en congregación. En la Fe Bahá'í está prohibida la oración en congregación, pero en un entierro se permite. Hay varios pasajes que se dicen y se repiten. Eso es en pocas palabras el eje del rito fúnebre Bahá'í.

Aparte de eso, se hacen oraciones en conmemoración de ese ser querido fallecido, pero no hay nada especificado ni obligatorio al respecto.

Me ha llamado mucho la atención lo de enterrar el cuerpo a una hora de trayecto de donde muere. Entonces, si un Bahá'í muere estando de viaje...

Esa directriz se aplica a todos los contextos. Si uno se muere estando de viaje, se le entierra donde está. No se repatria el cuerpo.

Que yo conozca, hubo un caso de un Bahá'í que murió de servicio. Era traductor del Ejército español y hace unos años murió en Afganistán por un atentado. Respetando su creencia lo iban a enterrar en Afganistán, pero el Ministerio alertó que era peligroso enterrarlo en el cementerio local porque había una gran multitud alrededor que quería sacar los restos. Así que la Asamblea Nacional de España consultó con el Centro Mundial Bahá'í y la Casa Universal de Justicia, una de cuyas funciones es determinar el contexto de aplicación de las leyes, y planteó que, en ese caso específico, debido a las circunstancias extraordinarias, la ley no se aplicara y entonces trajeron el cuerpo de vuelta a España y se le enterró en Zaragoza.

¿Cómo crees que afrontarás tu propia muerte?

Pues no lo sé, la verdad. Creo que con tranquilidad, no me da ningún reparo. Lo que sí pienso muchas veces es que desearía que fuera rápida, si se puede, pero sin quejarme. Hay que asumir las cosas como vienen. Pensar que son por algo y que es lo mejor. Si resulta que la muerte no es rápida, sino que se prolonga o uno va consumiéndose poco a poco, pues será lo mejor a largo plazo, algún sentido tendrá para que Dios lo quiera así.

UN APUNTE FINAL

Después de leer las distintas entrevistas, habrá personas que se sentirán más atraídas por la respuesta hindú sobre qué pasa después de la muerte; o quizá alguno se quede con la religión católica; tal vez haya quien se acerque a algún centro espírita o empiece a leer un libro que hable más extensamente sobre el budismo... Yo mismo, a lo largo del proceso de elaboración de este libro me preguntaba qué religión o filosofía espiritual iba más conmigo. La respuesta me la guardo para mí, pero: ¿y qué más da? Ya nos lo encontraremos cuando llegue nuestro momento. Pero las entrevistas me han servido para quitarle ese velo de miedo a la muerte y, al reflexionar tanto sobre ella, sentir un deseo más exacerbado de vivir.

Vivir, vivir, vivir.

Que finalmente es lo que nos tiene que importar hoy.

Sepamos que podemos morir hoy mismo, quizá mañana, o quién sabe si nos quedan veinte años más. No lo sabemos. Pero nos podemos ir en cualquier momento. Así que te animo a que cierres este libro y vivas. Aprovecha y celebra que hoy puedes decirle a un ser querido te quiero, hoy puedes abrazar y bailar, puedes llamar a esa persona de la que te acuerdas pero para quien nunca encuentras tiempo, hoy puedes reír y llorar.

Vive aprendiendo de la vida.

Vive, vive, vive.

AGRADECIMIENTOS

Principalmente he de agradecer la colaboración amable y desinteresada de todos y cada uno de los entrevistados y entrevistadas, pues son los verdaderos protagonistas de este libro.

Además, en este proyecto ha hecho falta que muchas personas intercediesen para ayudarme a conseguir las entrevistas. Por desgracia, no tengo los nombres de todos los secretarios, conserjes o traductores que han contribuido a levantar el castillo, pero confío en que les llegue este agradecimiento. Me gustaría también agradecer a personas concretas, pues sin ellas, este libro no estaría en tus manos:

A mis padres, por su apoyo incondicional y a mi hermana, por estar ahí como lectora de urgencia.

A José María Blasco, por decirme que los caminos estaban abiertos.

A María José Lladó, por abrir la puerta con los ojos cerrados.

A Marta Prieto Asirón, por coger de la mano este libro con tanto cariño y confiar en mí. Y a todo el equipo de la familia Kolima, con quienes es un gustazo trabajar.

A Eva López y a Alfredo Alcázar, por tanto y tanto.

Por último, a Nuri por estar y por ser. Ella me entiende incluso cuando hablo en klingon.

TONI SÁNCHEZ BERNAL

Realizador audiovisual. Tras su paso por la prestigiosa Escuela Internacional de Cine y TV (EICTV, Cuba) se considera más bien un "contador de historias". Después de escribir guiones de cortometrajes y largometrajes decidió lanzarse a por su primer libro: *Morir, el último tabú*.

El resto de su carrera ha estado volcada en el mundo audiovisual, donde ha dirigido videoclips y cortometrajes como *Silencios e Invierno*, que se han proyectado en Inglaterra y Canadá, entre otros países.

Actualmente trabaja en su primera novela de ficción, y su nuevo cortometraje *Tránsito* empezará su recorrido por festivales internacionales este año 2019.

KOLIMA
BOOKS

Milton Keynes UK
Ingram Content Group UK Ltd.
UKHW021902280724
446129UK00013B/417